QUINTESSENCE

Enseignements à la Source

de Soi-même

©Emma Grillet Autoéditeur
132 CHEMIN DES GOLARDS
39570 CONDAMINE

Sites internet: www.emmagrillet.fr
www.intuition.emma-grillet.fr

N°ISBN: 978-2-9555665-3-4

Tous droits de reproduction, traduction et adaptation réservés pour tous pays.
Dépôt Légal: BNF Août 2018

EMMA GRILLET

QUINTESSENCE

Enseignements à la Source
de Soi-même

DANS LA VIBRATION DE MARIE-MADELEINE

Imaginez que vous avez deux vases remplis de parfum :
En tant que récipients, ils sont séparés, mais les parfums qui s'en échappent vont se mêler en haut.

Les humains sont comparables à des flacons de parfum : leurs corps sont séparés, mais par leurs pensées, par leurs sentiments, ils peuvent rencontrer d'autres êtres humains, mais aussi des entités du monde invisible dans l'univers entier.

Seulement voilà : on ne rencontre pas ainsi qui on veut, chacun ne peut toucher dans les mondes invisibles et visibles que les âmes et les esprits qui correspondent à ce qu'il est lui-même, car il s'agit là tout simplement d'un phénomène de résonance.

Et si vous voulez bien comprendre la raison d'être de la prière, la méditation et tous les exercices spirituels, c'est qu'ils nous servent à nous élever intérieurement, et en nous élevant, par affinité, nous rencontrons dans l'espace des créatures de plus en plus lumineuses et pures...

Omraam Mikhael Aivanhov

En préambule

Ces écrits sont des retranscriptions de temps de channeling réalisés lors de stages, de soirées et de journées d'étude.

Ils ont été généreusement relatés par des personnes dévouées à la Lumière. Ils représentent beaucoup d'heures de travail et de temps passé auprès de la Source qui guide et appelle à nous rendre disponible pour elle.

C'est grâce à toutes les personnes qui m'entourent, qui non seulement croient en moi, mais écoutent et entendent aussi la Vibration, que ces livres ont pu naître, tout comme le déploiement et le développement de mon rayonnement, conséquence de suivre la voix de la guidance en moi.

Si ces livres s'écrivent, c'est une coopération de plusieurs personnes, maillons de cette chaîne, de cette Vibration qui nous habite : de la réceptivité du message jusqu'à la lecture que vous êtes en train de faire, en passant par l'écoute les soins, les retranscriptions...

Je remercie toutes les personnes qui m'aident à cette création et à la cocréation de ces enseignements. Je ne suis qu'un catalyseur, qu'un canal de tout ceci, car ce qui est, est dans le JE SUIS.

***

Ces enseignements peuvent être une voie d'éveil pour soi-même en se laissant imprégner par les énergies, afin qu'un maître intérieur s'éveille en nous, pour la réalisation de notre propre destinée divine.

Tous ces enseignements ne sont pas à prendre au premier degré, mais à laisser vibrer, travailler, œuvrer, sur d'autres plans de conscience, sur d'autres corps subtils que celui du mental, de l'émotionnel ou du physique. Ceux-ci peuvent être activés, dans leur ombre ou dans leur lumière, ajustés et nettoyés.

La spiritualité n'a pas qu'un chemin, qu'une voix, qu'une vérité. Nous vivons dans un monde multidimensionnel. Nous sommes des êtres spirituels dans un corps d'humain.

La spiritualité ne se limite pas à la religion, à la voix(e) de certains maîtres…

TOUT EST SPIRITUEL.

Celle présentée dans ces livres n'est qu'une parmi d'autres. Elle n'est ni juste ni pas juste. Elle est ce qu'elle est, à aider là où elle doit aider, à réconcilier et à unir là où elle doit agir.
Ces enseignements ne sont pas destinés à tout le monde, mais à tous ceux qui s'y sentent appelés.
Ils invitent à sortir de la dépendance à vouloir changer l'extérieur et les autres, et à revenir dans une profondeur et une grandeur du Soi. Ils nous guident vers la maturité et le déploiement de notre essence.
Certes, encore faut-il avoir conscience et connaissance que nous sommes le Soi et que nous le portons en soi.

***

Il y a différentes manières de lire ces écrits, chapitre par chapitre, paragraphe par paragraphe, ou ouvrir une page chaque jour, en considérant que ce sera celle avec laquelle vous aurez besoin de méditer pour ce moment-là.

Vous pouvez également lire ces écrits comme de belles histoires, ou simplement les étudier, les réaliser, prendre le temps de vous en imprégner et de tenter de les mettre en pratique.

Peu importe la manière dont vous traverserez ces lignes, elles sont pour vous, elles vous appartiennent là où vous souhaitez les rencontrer et les faire vivre…

BELLE LECTURE.
BEL ENSEIGNEMENT.

Avec gratitude, respect et reconnaissance.
Emma GRILLET

Qu'est-ce que le channeling ?
Vision d'Emma Grillet

Ce terme est souvent mal compris et limité par le sens encore véhiculé actuellement : « personne capable de percevoir, par des moyens surnaturels, l'au-delà et d'être un intermédiaire entre les vivants et les morts ».

Or, ce qui est nommé channeling ou don de la médiumnité est un outil que chaque être possède en lui. C'est un mode de communication entre les êtres de toutes et sous toutes formes.

Le channel met des mots dans sa propre langue pour tenter d'exprimer et de faire comprendre un échange entre des énergies sur des plans différents.

Nous avons le choix de parler avec telle ou telle personne, le channel a ce même libre choix de créer une reliance avec l'énergie désirée.

Ceci n'est pas un phénomène extraordinaire ou extrasensoriel, chaque être l'atteint lorsqu'il rentre davantage dans la conscience de soi, du Soi, de l'Autre.

Cette perception médiumnique est un sens de l'être.

Pour que chaque personne puisse toucher la profondeur de sa canalisation, elle est invitée à réajuster, réaligner sa personnalité.

La médiumnité est une capacité de s'ouvrir à l'autre, de s'ouvrir au champ collectif de ce qui entoure l'être et la personne, au champ subtil de l'autre, au champ vibratoire de ce qui entoure et englobe la terre, les végétaux, les animaux, et de tout ce que peut porter un être dans les multiples mémoires cellulaires de ce qu'il est.

Le processus débute toujours par l'intuition.

Par la suite, plus la personne va se purifier, plus elle devient capable d'entendre de plus en plus profondément en elle et de capter des plans plus subtils, plus elle se rapprochera de la divinité.

Les êtres de lumière nous disent :

« Nous sommes toujours avec vous. Ce que vous pouvez nommer channeling sera simplement dans l'avenir un processus aussi simple, que de parler à haute voix à un autre être. Prenez l'exemple des enfants : à la naissance, le bébé n'a pas le langage. Au cours de ses 3 premières années, il va apprendre à développer la communication. Ceci en est de même pour le channeling. Les êtres vont, pas à pas, naturellement développer leur pouvoir de communication avec l'énergie plus subtile. »

La maturation de l'essence, l'élévation de la personnalité dans chaque être va permettre l'apprentissage de la communication subtile. Le channel transmet, diffuse et canalise les informations des plans plus subtils.

Tous les êtres sont amenés à la médiumnité, quel que soit le sens développé : auditif, visuel, gustatif, sensitif, olfactif. Nous pouvons développer notre médiumnité par la méditation, le travail sur soi, la pratique des qualités du cœur (discernement, compassion, détachement, tranquillité, foi...) et le désintérêt d'un but, quel qu'il soit.

Que le pouvoir de notre essence se déploie !

OM

Aides pour mieux lire ces enseignements

Ces enseignements ne sont pas toujours aisés à comprendre mentalement. Comment les recevoir et permettre d'être le plus enrichi de ces lectures ?

Avec le langage

Le channeling, comme toute autre voie spirituelle, tente de décrire avec des mots ce qui est inexprimable.

C'est une grande difficulté d'exprimer l'inexprimable, car nous en arrivons soit à des expressions aux caractères très beaux, soit à des sens limités des termes.

La totalité de l'Infini ne peut pas être exprimée par des mots. Le langage est impuissant.

Les mots ont une capacité limitée d'exprimer cette réalité divine.

D'où l'importance de comprendre et de s'éveiller à la méditation guidée et aux enseignements en channeling dans un discernement et un langage symbolique, subjectif et poétique.

Le langage utilisé en channeling est une calligraphie d'expressions comme s'exprime un artiste avec ses pinceaux.

Il n'est pas à prendre au « pied de la lettre », mais avec un ressenti intérieur et comme une musique guidant vers votre vérité intérieure et votre propre rapport avec votre réalité divine.

Ce langage est tel un voyage comme tout autre voyage dans les arts de votre expression de la Vie. Vous n'allez pas vous perdre dans une œuvre que vous voyez, vous la contemplez, vous vous en imprégnez...

Il en est de même pour l'œuvre des channelings : ne vous perdez pas dans les mots, imprégnez-vous, contemplez-les.

Ce mode sert à arrêter le mental dans sa quête de compréhension (limitée par la nature même du champ mental) et permet de le transporter dans une dimension transcendantale.

> *Il y a beaucoup de paradoxes dans les enseignements, ce qui permet de stopper l'intellect dans sa course effrénée vers une vérité mentale et d'amener vers un éveil de l'intuition et du discernement.*

Ceci permettra de réaliser un éveil de conscience vers l'infini en vous, la non-séparation ou non-dualité, mais également vers un chemin intérieur détaché des projections, des dépendances ou de toutes formes de pouvoir donné à l'extérieur ou à des illusions et mirages.

Ceci est un apprentissage pour les êtres pris trop souvent dans une réalité illusoire et aveugle.

Merci de lire et relire ces enseignements et ces consignes afin que ceci puisse s'imprégner encore et encore dans le processus initiatique.

Votre intuition (capacité de comprendre des choses que la raison ignore) doit prendre parfois le relais, là où s'arrête votre compréhension mentale. Ainsi, le langage peut aider à la voie contemplative. Un mental contemplatif comprend plus aisément et applique ces enseignements.

Le langage ésotérique est un ensemble de mots amenant vers le sens réel et profond. Par exemple : le cœur du cœur de votre cœur, la crème des crèmes… Il est trop subtil pour être exprimé.

Des symboles, des images sont utilisés, aidant à mieux comprendre une autre réalité au-delà des mots (d'ailleurs, les mots sont des symboles de sons…). Ainsi, il pourra y avoir des nombres, des mantras, des images, des rituels ou des gestes rituels (exemple : rituel de purification : se laver les mains), des histoires, des mythes, la nature elle-même (qui est également symbole).

Il est d'abord important de purifier le mental et les émotions, puis de les lâcher (tel un sportif qui fait un saut à la perche, il lâche la perche pour passer un cap), car ces enseignements sont à comprendre au-delà des sens et du mental.

Le processus mis en place avec le langage va permettre au corps mental de développer sa capacité intuitive pour rentrer dans une réalité divine plus subjective et inexplicable...

La désidentification

Les enseignements apportent également une demande de désidentification, de discernement, d'ouverture de cœur.

« Nous vous demandons de revenir au centre de vous-même par le Souffle de Vie et de ne pas vous identifier ou vous projeter dans des quêtes de Vérités (que vous ne connaîtrez jamais en ces temps terrestres), des rôles, des justifications (donnant le pouvoir à l'autre et non à votre Source intérieure), des jugements qui sont des mirages. »

La difficulté réside en ce que, souvent, les êtres ne se rendent pas compte qu'il s'agit d'un état de mirage et de jugement.

Nous rencontrons le mirage quand il y a :
– Des critiques qui s'expriment alors qu'une analyse attentive montrerait qu'elles ne sont pas justifiées.
– Des critiques formulées alors qu'aucune responsabilité personnelle n'est en jeu. Nous entendons par là que la position ou la responsabilité de celui qui critique ne lui en donne aucun droit.
– La vanité tirée de ce qui est accompli, ou la satisfaction d'être un chercheur spirituel.

– Tout sentiment de supériorité ou de tendance séparative.

Il y a bien d'autres indications permettant de reconnaître le mirage. Mais prêtons d'abord une grande attention à ces quatre suggestions, afin de libérer nettement votre vie et, par conséquent, de pouvoir mieux servir le prochain, l'Autre.

« Vous n'avez point à prouver la Perfection, vous êtes perfection.

Vous n'avez point à prouver l'Amour, vous êtes Amour... »

L'État d'être n'est pas conditionné par la parole ou la pensée. Ceci est l'État au cœur du cœur de nous (vous) -même.

La focalisation crée une insécurité, créant une anxiété, créant un trouble, créant divers trous énergétiques et psychiques dans les structures, créant une dysharmonie et un déséquilibre intérieur et par conséquent dans la relation à l'Autre.

La non-sévérité

« Cessez de surveiller là où vous êtes. Cessez de revendiquer et de râler de ne pas atteindre ou d'être leurré lorsque vous ÊTES déjà... »

Le channeling réveille notre corps et demande de l'humilité, une ouverture de cœur et de conscience. Il appelle au lâcher-prise et à la non-sévérité du mental.

La relation à l'autre

Toutes les âmes que vous rencontrez autour de vous sont des ententes d'âmes pour vous ramener à l'essence de vous-même. Vous demeurez dans votre libre arbitre de considérer l'autre tel un ennemi ou tel un ami d'âme vous tendant la main vers les retrouvailles avec vous-même.

Il est de votre libre arbitre de critiquer et de vous positionner en résistance face à ce qui vous est proposé de vivre.

Les notions d'amour et de confiance seront également fort importantes pour vous révéler à vous-même. Nous pourrions également parler ici de la FOI. Les enseignements viendront souvent vous mettre au défi de votre Foi et de votre don d'amour et de confiance à ce qui est et à la relation à la Lumière à travers l'autre.

Vos notions de « bien et mal » de « bon ou mauvais » d'« entités négatives ou positives » demeurent dans la réalité duelle. Les enseignements channeling initient à une Vérité plus vaste et non duelle.

Les flux d'énergies

Il y a cependant des énergies involutives et évolutives.

Certaines énergies sont dans un processus d'involution et d'autres dans un processus d'évolution.

Si vous rencontrez des énergies dans un processus inversé à vous-même, cela créera une stagnation, voire si vous côtoyez une énergie plus dense dans son involution (et que vous êtes en évolution) un affaissement de votre énergie.

Si vous côtoyez un être en évolution dont l'énergie est plus fluide que la vôtre (si vous êtes vous-même en évolution), cela créera une accélération du processus évolutif pour chacun.

L'art de votre incarnation est de vivre l'amour et l'ouverture dans un discernement tourné vers la réalisation de votre Soi et non dans des illusions d'attachements, de bonté superficielle vous maintenant dans les illusions de vos corps émotionnels.

L'art de votre incarnation est de ne pas vous perdre dans des jugements provoquant votre fermeture à la beauté et l'allégresse du Vivant et limitant votre Présence Infinie dans l'incarnation.

Se découvrir :

Qui sommes-nous ?

Nous sommes arrivés. Nous sommes fort heureux de nous manifester auprès de vous.

Nous renouvelons le message d'amour que nous portons pour vous. Nous sommes forts heureux à nouveau de vous le retransmettre ; ceci est l'Essence même des énergies véhiculées sur votre terre ; ceci est l'Essence même de la Divinité à l'intérieur de vous. Ceci demeure fort important de retrouver, de réharmoniser, de revenir à l'Essence de qui vous êtes, l'Amour en vous.

Vous avez fort compris que l'essence même de mes enseignements est l'Amour : l'Amour pour vous-mêmes, l'Amour pour l'Autre, l'Amour pour votre humanité, l'Amour pour l'Essence de qui vous êtes et pour les facettes plus sombres en vous ; l'Amour permettant la transformation de ce que vous aimeriez transformer, l'Amour étant à la fois l'outil et l'essence, étant à la fois le Tout et le Vide ; l'Amour étant à la fois palpable et invisible.

Nous vous remercions d'oser tourner ce regard en vous. Nous vous remercions de l'engagement envers vous-mêmes à cela, toutes et tous. Nous vous remercions de la reconnaissance que vous nous portez

Nous vous remercions d'être courageux-courageuse de rencontrer l'Être que vous êtes et de changer qui vous êtes et non point le monde autour de vous.

Avez-vous questions ?

P : « J'aimerais savoir comment peut-on encore plus ouvrir nos Cœurs ?

MM : - L'ouverture du Cœur peut se faire au sein de groupes : envoyez les énergies sur un même espace-temps, à un même lieu, auprès d'un même être. Qu'un groupe fasse cela, augmente les vibrations des ouvertures de cœur.

Cependant, si nous réajustons votre question, **« Comment puis-je ouvrir davantage mon Cœur ? »**, ceci est une totale autre résonance, au sein des êtres, ceci appelle à la responsabilité qui est chacun, chacune à l'intérieur de vous.

Cet espace d'ouverture de cœur renvoie au champ de conscience que chacun chacune a dans ses propres actions, au sein de sa vie quotidienne.

Chaque jour, dans la conscience de vos actions, amenez cette question, « suis-je une action avec le Cœur ? », « suis-je une action avec le Cœur ? », « suis-je une action avec le Cœur ? ».

Ceci amène à totalement incarner et prendre responsabilité de l'action que vous êtes en train de vivre, et de relier cette action avec votre conscience par le fait même de vous poser la question et d'amener l'espace de vos Cœurs, « suis-je en action avec mon Cœur ? », ainsi si la réponse est, dirions-nous, « Oui », osez vous abandonner dans l'action qui est vôtre ; si votre réponse est « Non », permettez à l'espace à l'intérieur de vous qui n'est point dans l'action avec le Cœur de se réajuster, sans en accuser ou attendre de l'autre.

Nous vous remercions. Ainsi vous le comprenez, l'Amour de vous-mêmes est tel un pull à tricoter, maille par maille, conscience par conscience, instant par instant, chaque jour avec vous-mêmes. Nous vous remercions de la question.

Les différents liens d'échange

P : - **Comment faire mûrir mon ouverture de Cœur dans mon alignement ?**

MM : - Pouvez-vous reconnaître cher Être, le cheminement qui a déjà été fait en vous ?

P : - Oui.

MM : - Nous vous encourageons à poursuivre cette reconnaissance des acquis et des bases qui sont maintenant définitivement en vous, ceci certes peut, suivant la vibration que nous lisons, être minime, mais ceci est fort bien réel dans votre structure. Observez, non point sur un espace de reconnaissance d'une journée, mais sur des mois ou des années d'œuvre que vous avez faite sur vous pour prendre un meilleur recul dans vos structures et de ne point vous focaliser sur un espace-temps trop petit pour observer l'évolution.

Nous comparions cela à une plante : si vous regardez chaque jour la plante grandir, vous ne la regarderez point et vous ne la verrez certainement point grandir, mais si vous regardez cette plante toutes les semaines ou tous les mois, vous observerez la pousse qui a été faite. Nous comprenez-vous ?

P : - Oui, tout à fait.

MM : - **Nous vous rappelons que le miracle peut se produire lorsque l'Être est prêt à éclore, et que ce que vous appelez miracle est tout simplement un changement vibratoire d'un Être qui a suffisamment mûri pour éclore à la prochaine étape.**

Toutes et tous, rentrez en vous, où vous pouvez à la fois être à l'intérieur de vous-mêmes, dans le respect, l'Amour et la dignité de qui vous êtes, et d'être en reliance avec d'autres vibrations autour de vous.

Rentrez dans un espace d'échanges des vibrations, sans chercher à faire, juste à positionner l'Être que vous êtes et de laisser émaner qui vous êtes dans l'entier-té de qui vous êtes, même si l'espace mental à l'intérieur de vous pourrait dire : **« mais j'émane aussi de l'ombre, j'émane aussi des choses négatives, mais j'émane aussi des choses que l'autre ne devrait pas porter, mais... ».**

Vous êtes entièrement bienvenus, même avec l'unique croyance que vous n'êtes point encore assez nettoyés, pour vous permettre de rayonner, et d'émaner la Lumière autour de vous.

Ceci chères Âmes, nous vous le rappelons, nous vous le répétons : il n'est point lieu d'encore toujours vous purifier, et vous purifier, et vous purifier, et vous purifiez dans le sens de vouloir émaner que de la Lumière, mais simplement de changer la croyance de ce qui est vôtre, d'oublier que l'étincelle en vous n'est que pure Lumière, l'ombre est Divine.

Prenez également conscience dans l'éveil de vous-mêmes que les liens qui se tissent entre les êtres sont bien au-delà des liens se tissant dans vos personnalités. Il y a différents niveaux de tissage de liens, il y a d'Être à Être au sein de vos âmes, ces liens d'Amour indestructibles et vos liens dans vos personnalités, ces liens vous permettant de vous rencontrer, de vous confronter, de vous aimer, de réaliser qui vous êtes, permettant le jeu d'évolution dans lequel vous avez dit « Oui », au sein de votre humanité.

P : « Comment découvrir qui je suis ? C'est une question fondamentale.

MM : – Dans la réponse essentielle, à quoi pourriez-vous d'abord répondre : qui êtes-vous ?

Par moment, l'évidence est telle que nous ne voyons plus l'évidence.

Pourriez-vous répondre à la question : « Reconnaissez-vous qui vous êtes au sein de cette Humanité, dans la base de qui vous êtes ? Voyez-vous que vous êtes un corps ?

P : - Oui.

MM : - Voyez-vous que vous avez une structure osseuse, musculaire, sanguine, que vous avez tel un cerveau

P : Oui.

MM : Ceci ressemble a une structure bipède. Ceci permet de découvrir que vous n'êtes point un espace de l'espèce végétale, de l'espèce minérale, mais que vous sembliez plus correspondre à une structure animale. Ainsi par le langage qui est vôtre, par la complexité du cerveau qui est vôtre, par la complexité des organes en vous et par la complexité de la structure en vous énergétique, vous devenez définitivement un être humain. Ainsi ceci paraît fort basique, mais observer que de se sentir un être humain amène déjà une classification dans qui vous êtes, n'est-ce point ?

P : Oui.

MM : Si nous poursuivons, dans la catégorie des êtres humains, nous lisons dans votre structure un espace dans votre base des structures énergétiques plus féminines, autant dans l'essence que dans la structure que vous portez, ainsi nous pourrions définir que vous êtes définitivement une femme.

La définition de qui vous êtes pour toutes et tous commence par la base de la reconnaissance de choses évidentes pour vous.

Ne demeurez point dans la frustration du mental qui pourrait dire : "mais, je sais cela !", car lorsque le mental dit "je sais cela" la vibration, en l'occurrence pour cette âme qui a posé la question, ferme la vibration à la femme qu'elle est. Lorsque le mental disait : "je sais que je suis une femme", il ne permet plus alors d'aller chercher davantage la femme, ne permet plus d'explorer davantage la femme. Il désire chercher autre chose que ce qui est déjà fort présent dans la femme que vous êtes. Or, rencontrez davantage la femme que vous êtes. Êtes-vous une grande femme, une petite femme ? Êtes-vous une femme dans la matière ou dans les étoiles ?

Observez la densité de votre corps dit physique.

Vous avez déjà de maintes informations de qui vous êtes.

Observer ensuite la structure dite émotionnelle, vous aurez de maintes informations sur qui vous êtes.

Une structure ayant une émotion fluide, de la tristesse est une structure avec un élément plus "Eau et Air" ; une structure dite plus fluide dans la colère a un élément davantage : "Terre" ; mais ceci, chères âmes, vous le ressentez intuitivement pour chacun chacune de vous.

Observez vos structures mentales.

Certains êtres vont se battre pour des injustices au niveau "financières", d'autres êtres vont se battre pour des injustices dites au niveau "sexuelles", d'autres âmes font se battre pour des injustices dites au niveau du "Cœur", d'autres âmes vont se battre au niveau d'injustices dites de l'"Enfant et des Parents", etc., etc., etc. Ceci n'est point à juger, mais vous donner des informations sur l'œuvre que vous avez à faire dans votre vie.

Observez les corps astraux.

Regarder ce qui vous touche dans votre vie ? Quelles périodes de votre histoire humaine aimez-vous regarder ? Qu'aimez-vous regarder au cinéma ou à la télévision ? Pour certains ce sera des films de guerre, pour d'autres des films du moyen-âge, pour d'autres des films de la préhistoire… qu'aimez-vous ne pas regarder ? Car ceci est autant d'indications sur qui vous êtes et ce que vous aimez.

Vous avez avec le système électrique et électronique de votre humanité actuellement, de multiples possibles d'aller revisiter les mondes parallèles anciens et futurs.

Observez votre plan supra-astral.

En lien avec les familles et tout ce qui peut être de vos générations passées et futures… avec quel être de vos générations passées, vous entendiez-vous le mieux ? Avec quel être ceci a-t-il été le plus confrontant et pour quelles raisons ? Pourquoi dans tel être, n'aimez-vous pas cet espace de lui et ce caractère de lui, cette action de lui ? Ainsi, ceci vient définitivement rappeler qui vous êtes à l'intérieur de vous.

Nous pourrions continuer dans l'éveil du plan de conscience d'aller rencontrer les guides, les maîtres, les familles d'âmes auxquelles vous appartenez, les guides que vous appelez quand vous avez besoin….
Le guide que vous appelez a définitivement des vibrations avec vous.
Ainsi, ce qui est définitivement pour vous, dans vos langages et dans vos vibrations, et ce qui est une évidence pour vous sont des indications de qui vous êtes.
Nous rajouterions cela : avec quel animal, quel végétal, quel minéral, vous sentez-vous particulièrement en lien ?
Avec quel autre animal, quel autre végétal, quel autre minéral sentez-vous la peur ? Ceci vous permet de vous définir…
Nulle vibration n'est dangereuse. Toute vibration a ce droit d'être sur Terre, toute vibration.
Avons-nous répondu à votre question ?

- Oui. »

Nous remercions les multiples Êtres ici présents, de l'écoute, de l'entente dans vos structures, dans ce choix d'ouvrir la conscience, et nous remercions grandement cela. Nous vous remercions de l'œuvre que vous faites, d'aider le collectif à s'éveiller ; par l'éveil du collectif, le Cœur prendra grandement sa place.
Nous encourageons à poursuivre l'œuvre collective que vous faites au sein de ce groupe ; ceci non dans un devoir, mais dans un choix libre de chacun, chacune de poursuivre votre contribution à l'éveil de votre humanité et à l'ouverture des Cœurs.
Nous vous remercions, et nous vous disons : à très bientôt.
Nous vous bénissons, nous vous aimons, nous vous reconnaissons et nous vous honorons grandement l'être de

Lumière en vous, dans le cheminement qui est vôtre, et dans vos actions d'Amour et de Lumière.

Channeling via la Vibration de Marie-Madeleine.
Le 9 avril 2013

L'enseignement d'Emma

Exercice simple de connaissance de Soi

Munissez-vous d'un stylo et d'une feuille de papier.
Installez-vous confortablement. Les pieds bien au sol.
Tournez votre regard vers votre cœur.

Abandonnez, lâchez toutes tensions, toutes inquiétudes, toutes préoccupations, pour vous connecter dans un centre blanc, scintillant d'amour : un centre lumineux, connecté, rempli d'amour lumière, de pureté, d'humilité, de ressourcement, de régénérescence… où le tout est possible…

Prenez pleinement votre place.
Inspirez et expirez.

Observez : qu'aimez-vous comme film ? Quels films vous dérangent ? Notez-les.

Observez : qu'aimez-vous comme animal ? Quels animaux vous apeurent ? Notez-les.

Observez : qu'aimez-vous comme couleur ? Quelles couleurs vous dérangent ? Notez-les.

Observez : qu'aimez-vous comme musique ? Quelles musiques vous agressent ? Notez-les.

Observez : quelles qualités aimez-vous ? Quels comportements vous dérangent ? Notez-les.

Observez : quelle période de l'histoire vous fascine ou vous ému ? Quelle période historique vous met en réticence ?

Ressentez : quels guides vous attirent ? Quel élément ? Quels végétaux ou minéraux ? Notez-les.

Vous êtes tout ceci, dans votre structure. Le but étant de se réunifier et de se réconcilier avec tous ces aspects du Soi en soi.

Les aspects que vous craigniez rencontrer peuvent être des aspects de vous connus dans des mémoires cellulaires, refoulées dans votre structure émotionnelle et astrale...

Les aspects auxquelles vous aspirez sont vous...

Apprendre à se connaître est un début dans le travail sur soi. L'accompagnement par un tiers est ensuite utile pour approfondir ces recherches.

Le respect et la considération de soi

Nous sommes heureux de nous manifester auprès de vous et nous vous remercions de votre présence.

Nous vous invitons à tourner le regard en vous. Ainsi, toutes et tous, fermez les yeux, afin que votre mental puisse directement rentrer dans votre profondeur. Non dans notre profondeur, non dans la profondeur d'un autre que vous, mais dans votre propre vibration, car ce qui est fort important pour vous, chers êtres, et uniquement important est dès lors en vous-même, dans cet instant, dans cet instant terrestre du plan de votre humanité.

Peu importe qui nous sommes, peu importe qui sont les autres. En ce moment, l'être le plus important pour vous est vous-mêmes, car vous êtes un véhicule d'énergie, vous êtes un véhicule de Lumière.

L'importance est de prendre soin de vous, de reconnaître l'importance de qui vous êtes. Nous insistons sur ce mot : l'im-por-tance de qui vous êtes. Car nous lisons que maintes personnes étant perdues dans qui elles sont, cherchent, tels des yeux, à droite, à gauche (répété 4 fois) quelqu'un qui pourrait guider, mais en aucun moment, à l'intérieur de vous-mêmes. Ce qui est à l'extérieur de vous est une particule de vous-mêmes.

Ceci est une connaissance merveilleuse, vous êtes maître de votre propre temple et seul, vous pouvez changer qui vous êtes.

Non point changer ce qui ne peut être changé, mais vous pouvez élargir la vision de qui vous êtes, décider de pouvoir ouvrir, voir plus que ce que vous percevez déjà, davantage de vous-mêmes. Et nous vous remercions d'entendre cela.

Observez combien vous pouvez ouvrir davantage la vibration du cœur, lorsque vous prenez enfin la responsabilité de qui vous êtes.

Ceci commence par un retour à vous, par un retour au soi, en soi, par soi, avec soi. Sans vous-mêmes, nul possible.

Revenez habiter l'être que vous êtes.

Certains ici présents me diront : « mais je n'aime point qui je suis, je ne veux point être dans ce corps, je ne veux point avoir cette histoire, je ne veux point être cela. Comment habiter quelque chose que je n'aime point, quelque chose qui est détestable, quelque chose qui devrait être tué, brulé, mis à la poubelle ? »

Nous vous répondons, « chers êtres, ceci est l'une de vos visions, mais ceci n'est pas LA vision et n'est surement point notre vision de qui vous êtes. »

❖ *Décidez de changer et de vous responsabiliser*

L'invitation serait alors davantage d'ouvrir votre champ de vision sur qui vous êtes, et non point rester focalisé sur une mémoire ou un préjugé de vous-mêmes.

Ceci passe par la volonté d'un changement en vous-mêmes. Ceci passe par le courage, le souhait, le désir de changer les préjugés que vous pouvez avoir avec vous-mêmes.

Vous le comprenez, personne, personne, personne et non point nous-mêmes, n'aurions intérêt à changer ce processus, hormis vous-mêmes, afin de pouvoir rentrer dans vos propres responsabilités. Car la responsabilité de vous-mêmes amène le respect et l'amour de qui vous êtes.

L'amour de l'autre commence grandement par l'amour de vous-même, car le manque, le vide, le néant s'installeraient dans vos relations, si la partie qui est vous ne prenait pleinement sa place dans l'amour qu'elle devrait avoir pour elle-même.

Nous utilisons en ce jour, des mots plus directs, afin de venir stimuler en vous, le processus de responsabilisation, le processus de conscience, non point le processus de culpabilité, non point le processus de victimisation, non point le processus de : « mais je n'y arrive pas », non point celui-là.

Non point celui-là.

❖ *Alors la Lumière aide*

Ayez la certitude que si vous faites ce choix de changer votre vision intérieure de qui vous êtes, vous serez grandement aidés, afin de vous permettre de vous révéler davantage. Ceci pouvant apporter un mieux-être pour votre humanité, certes, un mieux-être d'abord pour vous-mêmes.

❖ *À quoi demeurez-vous accroché ?*

Tournez encore ce regard vers vous.
Observez comment vous sentez votre cœur maintenant.
Quel blocage reste-t-il dans votre corps maintenant, à décider d'obtenir une autre vision de qui vous êtes ?
À quoi restez-vous accroché ?
Qu'avez-vous peur de perdre si vous décidez de changer l'état vibratoire dans lequel vous êtes ?
À quoi retenez-vous cet état ?
Quel risque, quelles peurs demeurent en vous, au point de ne point décider de changer de positionnement, de point de vue, sur l'être que vous êtes ?

Chers êtres, en ce moment, maintenant, dans cet instant terrestre présent, que demeure-t-il de si important en vous, au point que vous refuseriez cette ouverture de votre conscience de qui vous êtes ?

Guidance dans nos profondeurs

Pour celles et ceux, ici présents, prêts et prêtes à faire le voyage d'expandre votre champ de conscience, nous vous invitons à descendre encore et encore dans plus de profondeur.
Allez rencontrer le néant en vous, allez rencontrer cela, allez tourner ce regard encore plus profondément en vous. Non point chercher le regard des autres, mais aller à la rencontre de vous-mêmes, dans la profondeur de votre regard, de descendre, de descendre, de descendre, de descendre grandement, grandement, grandement.

❖ *Résistance à rencontrer les profondeurs*

Observez si les peurs arrivent et si elles arrivent, quelles sont ces peurs. Pourquoi avoir peur ? Est-ce que ces peurs sont réelles ? Est-ce que ces peurs sont utiles ? Est-ce qu'il y a lieu d'avoir peur ? Et s'il n'y a point de oui à ces questions, descendez encore, descendez encore, descendez encore.

Observez qu'est-ce qui vous attacherait encore et encore, à ne point rencontrer la divinité en vous ? Observez cela sans vous juger, accompagnez ces diverses parties de vous désirant rester accrochées à des choses plus sécurisantes en apparence.

Pourquoi est-ce si difficile d'amener la confiance en vous ?

Pourquoi chers êtres, fuyez-vous qui vous êtes ? Pourquoi toujours courir ailleurs que vers vous-mêmes ?

Pouvez-vous, chers êtres, répondre avec certitude que vous n'êtes point aimables ? Êtes-vous sûrs du non-amour de l'être que vous êtes ? Êtes-vous sûrs de ne point vous tromper ?

Y aurait-il, chers êtres, une vibration sur ce plan terrestre, sur ce plan divin ne pouvant être aimable ?

Si nous contribuons à dialoguer avec les résistances de votre mental, plusieurs êtres répondraient : « oui, moi, je ne suis point aimable, oui, il y a des êtres non aimables. Ainsi, vous pourriez ainsi dire que, la Source, la Divinité s'est trompée. »

Nous sentons, nous, combien nous portons un immense amour pour qui vous êtes. Nous sentons combien d'autres êtres autour de vous portent un grand amour pour qui vous êtes. Nous pourrions lire, qu'il n'y a que vous avec vous dans le non-amour de qui vous êtes.

Nous le répétons, ceci est d'abord un choix intérieur. Choisir de reprendre le chemin de l'amour de soi, d'abord en cessant de courir en dehors de vous. Refaire le choix de revenir à nous, à travers vous, par ce chemin intérieur, par la certitude que vous êtes aidé lorsque vous choisissez enfin de revenir au soi, au grand Soi de qui vous êtes.

❖ *Vivre dans un état d'amour*

Observez maintenant l'état vibratoire dans lequel vous vous sentez. Nous vous invitons, dans l'état vibratoire dans lequel vous êtes actuellement, de positionner votre regard à un autre espace de votre corps, que celui où vous êtes actuellement. Et d'observer qu'en posant votre regard à un autre espace de votre corps, d'autres sensations peuvent être en vous. D'autres formes de pensées, nourrissant votre plan mental, peuvent apparaître en vous.

Nous invitons à observer combien le désir de s'abandonner à la Source d'Amour émane de vous.

❖ *Nourriture d'amour*

Laissez-vous nourrir à la Source d'Amour. Nourrissez les parties du temple de qui vous êtes, ayant en ce moment, besoin de cette régénérescence cellulaire.

Observez combien le corps peut enfin se relâcher, lorsqu'il y a acceptation d'un possible de s'abandonner à une grandeur de qui vous êtes.

Observez combien l'état vibratoire du collectif de ce groupe a changé. Observez combien tout d'un coup, dans votre corps, il semble y avoir plus de place. Or, nous vous assurons que vous ne venez point de grossir.

Observez la détente.

Observez qu'il n'y a rien eu d'extérieur à vous-même ayant permis cela. Simplement, le changement de conscience et de vision, de ce que vous permettez de voir et de réaliser en vous, à l'intérieur de vous, par vous, à travers nous-mêmes, à travers vous.

N'est-il point plus agréable de laisser ce corps respirer, se dénouer, se détendre et d'entendre particulièrement certaines cellules de vos corps pouvant penser que le paradis est sur terre, n'est-ce point ?

Que tout est là. Il n'y a nul besoin d'aller ailleurs, simplement d'être qui vous êtes, cette émanation de Lumière fort spécifique en chacun de vous.

Nous vous remercions d'observer ce faisceau de Lumière pouvant s'activer par le collectif de ce que vous êtes toutes et tous, en train de cocréer, par le rappel, la révélation de la Lumière, l'activation de la Lumière en vous, par vous, à travers vous, autour de vous, dans vous.

Respirez, ressentez, abreuvez vos cellules, nourrissez le potentiel dit « magique » de qui vous êtes, naturellement, consciemment, volontairement, par ce choix du réajustement, d'une verticalité du potentiel, de la révélation de ce que vous êtes grandement.

Le respect de S (s) oi.

Ainsi, lorsque vous prenez conscience de cette énergie d'Amour en vous, y aurait-il un être ici présent désireux de vouloir l'offenser, de vouloir le malmener, de vouloir l'affliger ? Et nous vous rappelons qu'à chaque moment où vous vous détournez le regard sur qui vous êtes, à chaque moment où vous vous infligez une violence, une critique, une non-acceptation, une non-entente, un non-accord avec vous-mêmes, vous perdez le respect auprès de l'être que vous êtes.

❖ *Reconnaître notre taux de respect grâce à l'autre*

Vous pouvez ouvrir ce champ de conscience des maints jeux, auxquels vous pouvez participer, auprès d'autres êtres, venant exprimer : « je ne suis point respecté, je ne suis point aimé, je suis attaqué » et d'observer que vous-mêmes, vous ne respectez point toujours l'être que vous êtes. Et de reconnaître une croyance qui est grandement véhiculée en ces temps au sein de votre humanité, de la vibration des mouvements des miroirs, des projections.

Observez grâce à la relation à l'autre et particulièrement à des relations fort confrontantes, difficiles pour qui vous êtes, que cet autre est peut-être un potentiel de grand révélateur à une manière que vous avez vous-mêmes de vous accompagner, de vous traiter, de ne point vous honorer ou de vous honorer.

❖ *Remerciez pour changer*

Ainsi, il ne s'agit plus de poursuivre, attaquer cet autre, non point cela, mais de pouvoir remercier, auprès de votre cœur, auprès de la Lumière en vous, ce rappel du non-amour de ce que vous pouvez vous infliger auprès de qui vous êtes.

❖ *De l'accusateur à l'initié*

Pouvoir relationner de cette manière est certes fort plus confrontante, fort plus dérangeante pour les personnalités. Il est parfois plus facile de poursuivre la fuite de qui nous sommes, d'accuser, de pouvoir bannir, de pouvoir juger. Il est plus difficile pour les personnalités d'accueillir cette remise en cause d'un possible de changement intérieur, d'un choix d'un déménagement, d'un ménage intérieur.

Observez cependant la joie de l'être, découvrant la puissance de ce phénomène, de pouvoir retrouver sa puissance d'action, d'œuvrer auprès de soi et de cesser, pour la personnalité, de rencontrer l'impuissance à changer un extérieur qui n'est qu'une illusion, qui n'est qu'un mirage, qui n'est qu'une rêverie de ses propres vibrations intérieures.

Rappelez-vous, tout est en vous, par vous. Vous décidez consciemment ce choix du changement du champ de conscience, afin de poursuivre l'évolution et la maturation des êtres que vous êtes, afin de pouvoir amener davantage de relâchement à votre corps physique, plus d'amour à votre corps émotionnel, plus, de sérénité vers qui vous êtes. *Cessez de donner du pouvoir à un autre que vous. Venez à la rencontre du grand Soi, à l'intime même de votre Soi.*

L'émanation de (ce que) JE SUIS

Chers êtres, iriez-vous chercher des fraises en Amérique du Sud si vous en aviez devant vous ?

Ceci est la même chose : par la reconnaissance de la divinité de l'être que vous êtes, nul besoin d'aller chercher ailleurs qu'en vous-mêmes.

Nous vous remercions de l'écoute, de la profondeur des vibrations émises et des vibrations reçues, venant toucher les cellules de vos corps.

❖ *Incarner et porter l'ESSENCE*

Nous vous remercions de pouvoir incarner et porter cette conscience, afin que vous puissiez être, tels des bâtons relais, des transmetteurs, des émetteurs de cette conscience à travers vous, autour de vous, par l'exemple de qui vous êtes. *Non point par le fait d'obliger l'autre à changer, non point cela, mais par votre propre et pure émanation de ce que révèlent vos cellules, dans l'authenticité, l'honnêteté, la valeur, l'ajustement de votre vie* à ce qu'il y a de plus honnête, véritable et précieux, nous dirions même, pur et sacré, en vous.

Dans cette certitude, nous ne vous demandons point d'être des maîtres, d'exceller dans cette voie, mais de demeurer le plus juste, le plus proche de qui vous êtes.

❖ *Les faux pas= péchés= Apprentissage*

Nous vous rappelons cette notion que nous entendons par moment, venant du cœur, de la vibration dite de culpabilité, de la notion du péché et de parler sur la notion de ce mot.

À l'origine, le mot péché signifiait « dire, faux pas ». Ainsi, nous vous invitons à faire de faux pas, permettant l'apprentissage et la révélation de ce que vous êtes.
Nous vous invitons aussi à ne point oublier de rire dans la conscience. Dans la vigilance, de retrouver cet alignement dans votre verticalité. Riez, dansez, souriez, faites de faux pas, afin de vous réajuster, non point dans le sens de la punition, mais dans le sens de l'ouverture de conscience, car c'est par vos faux pas que votre conscience s'ouvrira.

❖ *Ouvrant le cœur et l'Amour…*

Nous vous remercions grandement de l'Amour et de la Lumière que vous portez. Nous apprécions le sourire intérieur que vous pouvez émaner auprès de vous et de la complaisance que vous pouvez avoir de qui vous êtes.
Observez combien ceci peut faire du bien à l'organisme que vous êtes, n'est-ce point ? De pouvoir avoir une forme de vibration d'Amour vers qui vous êtes. Ceci simplifie grandement.
Observez aussi, combien cette Vibration d'Amour que vous portez, se diffuse autour de vous, sans avoir nul besoin de faire

quelque chose. Si vous n'avez point conscience de comment votre propre Vibration d'Amour se diffuse autour de vous, observez combien les vibrations d'Amour des autres se diffusent autour d'eux-mêmes. Si vous le voyez et le ressentez chez les autres, ceci est le même processus pour qui vous êtes.

Observez aussi combien, dans cette Vibration d'Amour, nous vous sentons plus présents auprès de nous, plus intimes avec nous-mêmes. Vous venez plus nous rejoindre, nous ressentir, nous découvrir.

Sceller par un souvenir cellulaire l'Amour en vous

Nous vous invitons à pouvoir repartir en scellant par un souvenir à l'intérieur de vous, l'amour que vous pouvez vous porter, l'Amour que vous êtes capables de porter auprès de vous, en vous, par vous. Nous remercions l'être de ces lieux d'avoir accueilli la vibration. Nous remercions grandement l'esprit de ce lieu et les ancêtres de ces lieux, forts présents. Nous invitons à ce que vous puissiez repartir le cœur en paix, serein, de ce que vous avez pu contacter de qui vous êtes.

Nous vous remercions d'avoir pu vous transmettre une révélation de ce que vous connaissiez déjà et qui a été un rappel, auprès de votre cellule, une réactivation de code, en vous, par vous, au travers vous.

Restez quelques instants à porter l'Amour de qui vous êtes et à le laisser émaner autour de vous, dans cette reconnaissance de porter l'Amour et d'honorer à porter l'Amour.

Nous invitons aussi à ne point juger ceux que vous avez pu juger et condamner. Par la révélation de l'être d'Amour que vous êtes, vous pouvez observer combien ces jugements étaient faussés. Amenez cela dans vos Vibrations d'Amour et de sourire. Nous vous aimons, nous vous accompagnons, nous vous remercions d'être toutes et tous sur le chemin des retrouvailles du Soi en vous. Nous vous y guidons.

**Channeling via la Vibration de Marie-Madeleine.
Le 20.05.2013, Montaigu.**

L'enseignement d'Emma

Cet enseignement nous parle de nous voir des apprentis à la Lumière. Il offre une vision possible de sortir de l'accusation et de la victimisation.

La proposition est de percevoir la vie comme enseignante et les autres comme des amis nous aidant à comprendre l'enseignement.

Il est difficile de s'aimer, pourtant le message est clair : commencer à changer notre vision et nous serons aidés à nous aimer…
Un adage dit « aide-toi et le ciel t'aidera »…

Le premier positionnement proposé est de revenir à soi, de prendre la responsabilité de ce qui nous arrive et de cesser de donner notre pouvoir à l'extérieur (qui est une création de nous).
Puis de considérer nous essence divine et d'accueillir ce que nous considérons « fautes » comme des initiations afin de nous ramener à notre BEAUTÉ divine.
Si nous demeurons dans l'absurdité des accusations et l'inconscience à nous réveiller, aucun changement que nous désirons pourtant n'arrivera…

NOUS AVONS TOUT EN NOUS
Tel est un rappel de cet enseignement

NOUS SOMMES SOURCE D'AMOUR
Tel est le second rappel.

Prière de la Lumière

NOUS INVITONS LA FORME A RESSENTIR LA PUISSANCE DE L'AMOUR DESCENDANT DANS LE CŒUR.

L'amour amenant la guérison, par la libération des larmes, des souffrants, des malades, des mal-aimés, des perdus, les larmes de libération, de retrouvailles, de nettoyage de purification, de soulagement, d'abandon, de lâcher-prise, dégonflant l'angoisse, de la sécurité d'être aimé, la sécurité d'être aimé, béni, accompagné, protégé, la sécurité de pouvoir s'abandonner, tel l'enfant envers le parent. Les larmes de retour à la maison, d'amour de la lumière, la certitude d'être dans la lumière, d'être dans la maison des dieux.

Ramenez les âmes par la lumière divine en ces temps d'errance, de perte, d'angoisse, d'inquiétude, éclairez, ouvrez ce possible incarné en vous, totalement, cette certitude d'offrir cette voie, cet espace d'ascension vers la lumière.

Invitation à l'amour et la considération de moi-même

Sentez, rentrez dans la confiance que vous ne serez pas abattue, persécutée, jalousée. Toutes les infamies ne seront plus. Nous avons grandement besoin de votre canal et nous entendons par votre canal, chère forme, votre canal sur terre, vos lieux d'enracinement sur terre, afin que nous puissions nous en servir comme possible lumière sur terre.

Nous attendons que vous soyez pleinement libérée de la peur d'être à nouveau persécutée, attaquée, attachée.

Nous vous demandons de renforcer la confiance en votre protection. Ceci n'est plus d'aller libérer cela à l'intérieur de vous, vous l'avez déjà très bien et assez fait, vous pouvez continuer à le faire, mais nous vous invitons davantage maintenant à renforcer la confiance en notre protection.

Vous doutez de la confiance en notre protection, nous vous invitons à cultiver cette confiance en notre protection, en notre protection pour vous, vous n'avez nul doute que nous protégeons les autres, nous vous bénissons, nous vous aimons, nous vous reconnaissons dans la totale dévotion à nous même, nous vous invitons à transformer la croyance du service, la croyance de nous devoir quelque chose, nous vous invitons à aller regarder davantage la pureté de votre cœur qui est reconnue, mais point assez par vous.

Nous sommes là pour vous.

Vous avez reçu ces derniers temps plusieurs enseignements de comment prendre soin, car nous vous rappelons que pour aider l'humanité, pour aider l'éveil de la conscience, nous demandons à chaque être d'abord prendre soin de lui.

Vous avez reçu maintes et maintes manières de prendre soin de vous. Nous vous invitons à continuer, prendre soin de vous et aussi, vous reconnaître, prendre soin de vous et aussi vous permettre la toute confiance en notre protection, en la protection de Michaël et de Saint-Germain pour vous, en la protection que vous avez aussi le droit de recevoir pour vous-même, que votre canal n'est pas que pour les autres.

Autorisez-vous à recevoir, car nous avons fortement envie aussi de vous donner, car nous sommes de mieux en mieux accueillis dans votre corps, dans votre forme, nous nous y sentons fortement bien et nous voulons vous remercier du travail, de l'œuvre que vous faites sur la forme pour nous accueillir, afin d'augmenter l'espace pour nous à l'intérieur de vous.

Mais nous vous invitons, chère âme, à ne pas le faire que pour nous, mais à le faire pour vous, à vous offrir cet espace aussi à vous. À vous mettre en lumière vous aussi. Ceci est une invitation, non une obligation, rassurez-vous ! À la justesse de votre rythme, de ce que vous pouvez montrer de vous, en toute sécurité, avec la confiance, avec l'amour de vos frères et sœurs sur cette terre.

En testant que vous n'allez point être critiquée, rejetée, malmenée, bannie, offensée, que vous n'allez point déranger par la lumière, que le temps n'est plus à bannir, mais que le temps est un temps d'ouverture de la lumière, que le temps n'est plus de rejeter la lumière, mais de la chercher, que le temps n'est plus aux sorcières, mais bien à chercher la lumière, ne plus la nier, ne plus rejeter les cieux. Ainsi ce qui était marginal devient utile, ce qui était banni devient nécessaire, ce qui était indifférent humilié reprends sa juste place. Demandez-nous tout l'amour que vous avez besoin afin de rassurer l'être intérieur, la personnalité d'oser se montrer.

Ainsi nous vous invitons à continuer à suivre vos instincts, pressentiments, sentiments, de continuer à vous entourer des âmes tout autour de vous pouvant collectivement aider à l'ascension et d'accueillir cet amour que l'on vous porte à vous, point à la lumière, à vous de le recevoir. Que ces âmes vous font confiance et ne doutent point de vous ! Nous vous remercions d'avoir pris ce temps pour vous, d'avoir accepté de nous entendre.

Ainsi, en assumant davantage le potentiel d'amour en vous, la quintessence de qui vous êtes, la pureté d'amour, vous développerez.

Nous vous demandons : pourquoi ces âmes font-elles appel à vous ? Que renvoyez-vous pour que ces âmes fassent appel à vous ?

Un espace de douceur certes, de compréhension certes, de nettoyage et de purification. Reconnaissez aussi cela davantage dans votre canal, reconnaissez cela afin de l'amener davantage dans vos soins : nettoyage et purification.

Cela amène à aider les âmes à monter ou à l'énergie à descendre sur ces âmes malades que vous soignez. Certes, certaines âmes viennent chercher la compréhension et l'amour, d'autres âmes viennent chercher le nettoyage et la purification, regardez cela.

Nous vous initierons et la première initiation est de vous en informer. Ne chercher point pour l'instant à faire, juste à entendre cette information et que nous allons vous en apprendre davantage. Ainsi, nous vous demandons maintenant d'appeler les âmes devant vous pour lesquelles vous souhaitiez particulièrement ces méditations.

Protocole pour aider les âmes à guérir

Nous vous invitons à les mettre dans la sphère de lumière et nous invitons à écrire le protocole que nous allons présenter.

Appelez les personnes. Distinguez les personnes qui sont sur une voie de guérison et les personnes qui sont sur une voie d'ascension du passage du plan terrestre à un autre plan.

Mettez les personnes dans une sphère de lumière blanche de purification pour les personnes malades, chacune dans une sphère blanche de purification, en y mettant leur prénom, leur nom si vous avez envie, maintenez l'intention, l'énergie, la visualisation de ces âmes, observez chaque âme, scanner chaque âme.

Où sentez-vous qu'elle aurait besoin de recevoir, repérez les noyaux où l'énergie est plus noire, plus grise, plus marron dans le corps, car effectivement autour du noyau il peut y avoir aussi émanation de cette énergie, mais repérez davantage les noyaux, car si nous donnons davantage de lumière dans le noyau, autour, l'énergie se retransformera.

Notez que tout travail se faisant ce matin ou se faisant pour d'autres fois doit fortement, consciemment avoir l'accord de la personne ; ainsi si vous n'avez point demandé à la personne, ceci ne se réalisera point, vous pouvez cependant regarder les blocages, les scanners de cette personne, mais vous ne pourrez point effectuer le soin énergétique. Ceci est fortement important.

Vérifiez ensuite que l'âme de la personne désire guérir. La personne peut vous dire oui consciemment, mais son âme n'est pas prête ou sa personnalité n'est pas prête, alors l'âme n'est point encore à même de se libérer.

Ensuite, laissez cette énergie de lumière que vous sentez, rentrez dans l'enveloppe de la personne malade et laissez le soin christique se faire, laissez totalement Jeshua œuvrer dans l'amour, la puissance sur la terre. Lorsque vous faites ce soin, prévenez la personne qu'il pourra y avoir quelques sensations sur elle, des sortes de vertiges.

Le temps varie selon les personnes. C'est totalement à travers vos mains que l'énergie émane fortement sur ces âmes.

S'il y a des peurs de la guérison, de la transformation, invitez à rappeler l'engagement profond de la guérison et de laisser-faire, d'accepter de s'abandonner à la lumière de guérison.

À chaque fois qu'il y a peur, redonnez cette confiance et cet engagement du : « oui, je décide de guérir », afin de reconcentrer l'énergie et qu'elle ne reste pas dans un amas de peur de guérir, de peur de se transformer.

Demandez aux personnes de se connecter au moins une fois par jour à cet état de guérison intérieure, de le rechoisir une fois par jour, ceci entre 3 et 7 jours.

Ainsi, le fait que la personne se réengage entre trois et sept jours permet aussi à l'énergie de mieux être reçue, car il y a réengagement et il y a sollicitation de la personne.

> *La guérison se fait parce que la personne refait ce choix conscient et se donne ce choix conscient.*

Nous disons cela pour des guérisons un peu plus difficiles, qui demandent un peu plus de renforcement, qui sont un peu plus dures.

Complément au protocole

Il y a des guérisons, telles des brûlures qui viennent d'arriver, très faciles à pouvoir être libérées fluidement, sans avoir un besoin de redemander l'engagement de la personne trois fois, car la personne peut dire oui une fois, deux fois et la troisième fois non, et si elle n'est plus intéressée, le travail de guérison n'est plus à se faire.

Il est fortement important d'amener la personne à prendre part à sa guérison. Nous sommes dans un éveil, il n'est plus temps de soigner l'enfant. Il est temps d'éveiller l'adolescent dans les guérisons.

Ainsi, les personnes doivent prendre part à leur guérison par leur engagement.
Si la personne désire une guérison, mais que vous sentez que son âme a dit non à la guérison, nous vous invitons à lui en faire part.
Si la personne est animée de peurs, de craintes, de miasmes énergétiques négatifs trop forts pour elle pendant la guérison sur ces trois ou sept jours, invitez là à vous en faire part. Souvent le simple fait qu'elle déposera, permettra à l'énergie de pouvoir continuer à œuvrer.
Lorsque vous sentez que l'énergie a assez donné à travers vous sur ces âmes devant vous, laissez-lez totalement baigner dans cette lumière et confiez-les à la lumière divine.
De la même manière, nous vous invitons, si vous commencez ce protocole, à vous aussi le refaire 3 à 7 jours ; ainsi, l'engagement est

de part et d'autre avec nous. Ceci vous permettra de développer le fluide de guérison en vous.

Si vous sentez que la personne a peur de la guérison, invitez-la à parler de toutes ses peurs de la guérison, à déposer toutes ses peurs de la guérison, à ressentir quelques instants mon amour, l'amour maternel de Marie Madeleine, à le ressentir, qui va l'apaiser, tel l'enfant qui a peur, à ressentir l'amour de sa mère, invitez-la à la connecter à cette énergie-là, invoquez-moi à ce moment-là dans la séance afin de rassurer.

Protocole d'aide à l'ascension dans l'au-delà

Nous vous invitons à renouveler demain une méditation, car nous avons à poursuivre la suite.

Appelez maintenant l'âme devant ascensionner dans la lumière. Visualisez cette âme tel un canal de lumière allant monter dans les plans. Visualisez cette âme allongée au-dessus du lit de lumière sur lequel elle est déposée. Visualisez une colonne de lumière sur elle pour l'aider à monter dans les différents plans, à l'aider à monter jusqu'au plan divin, jusqu'au plan des Maîtres. Faites-la passer par le plan angélique et qu'à chaque plan, observez, émanez l'amour et la lumière, émanez cette énergie orange/dorée.

Nul besoin pour vous d'analyser les informations perçues dans les plans de cette personne, ceci, nous ne vous le demandons point, point maintenant.

Nous vous demandons de pouvoir, si vous le souhaitez, faire ceci pour des personnes proches de vous, très proches de vous, que vous aimeriez aider, vos familles, vos amis.

Pour des personnes que vous ne connaissez point ou si quelqu'un vous demande d'aider cette personne à monter, émanez sur tous ces plans cette énergie orange/dorée et demandez à ses guides, à ses protections, d'œuvrer, trouvez les personnes terrestres autour d'elle qui pourront aussi œuvrer à la montée de cette âme et du nettoyage possible.

Ainsi, pour l'âme que vous visualisez, vous voyez qu'elle est en ce moment presque au plan émotionnel. Vous continuez à émettre l'énergie dans les autres plans de cette personne, même si elle ne les a pas encore atteints, afin que lorsqu'elle arrive à son rythme au plan mental, qu'il soit déjà nettoyé.

Ceci, de la même manière, nous vous demandons de le faire entre 3 et 5 jours. Vous n'êtes point en charge de savoir quand la personne aura monté tous ses plans.

Vous permettez simplement un nettoyage de ses plans afin de faciliter son ascension et ouvrir la colonne de lumière, afin que les êtres de lumières puissent faciliter leur descente pour aller chercher le corps de cette personne. Vous aidez la lumière à descendre dans la famille de cette personne, afin que le canal divin puisse totalement avoir un champ ouvert pour diffuser l'énergie divine tout autour, dans le physique de cette personne et toucher ainsi les êtres autour de cette personne ayant besoin de recevoir une énergie de lumière.

Car à chaque passage, à chaque mort physique, il y a un possible éveil pour les gens autour.

C'est là qu'est votre place, de faciliter la descente d'énergie divine sur les gens. Ainsi, il est vrai que lorsque l'énergie divine descendue n'est plus, les gens restants peuvent avoir une tendance à être dans des choses noires et grises. Ceci sera après leur choix de décider de venir se remettre dans la lumière et d'aider à retrouver leur axe, car le passage de la mort est comme une fête, une fête où dans ce moment de préparation la fête, dans la fête elle-même et un petit peu après la fête, il y a cette ouverture de cœur, cette disponibilité à recevoir ; mais après la fête, quand tout est fini, les cœurs ont tendance à se fermer.

Ceci est la même chose pour la fête, la cérémonie du passage. Les gens peuvent se sentir tristes ou nostalgiques que la fête soit finie. Un vide, une solitude peut apparaître dans le cœur des personnes, et il appartient à chacun d'eux ce choix de retrouver la fête en eux.

Si vous sentez que l'âme, qui est en train d'ascensionner, est en difficulté et vous demande de l'aider, aidez-la ; si elle ne demande rien, ne faites rien et si vous sentez qu'elle demande de l'aide, mais que ce n'est pas par vous, appelez les êtres de lumière qui pourront l'aider.

De la même manière, rassurez la personne qui est en train de monter que tout va bien, allez au plan émotionnel, au plan mental, ceci peut être difficile, car il y a maintes et maintes croyances, maintes réconciliations à avoir pour des personnes qui n'ont point œuvré dans leur évolution sur terre, au sens conscient, à retourner au Père.

Ainsi, certaines personnes vont rester sur un plan, plusieurs jours ou plusieurs mois, afin de finir leur nettoyage de purification pour passer dans le plan supérieur. Ceci leur appartient, ceci est leur évolution et elles sont accompagnées.

Invitez simplement la lumière jaune à émaner sur cette personne, à lui faire rencontrer les guides qui vont l'aider, ne prenez point responsabilité de la faire monter. Nous reviendrons à l'enseignement de faire monter les âmes une autre fois.

**Channeling via la Vibration de Marie-Madeleine.
Le 27.09.2012.**

L'enseignement d'Emma

Voici un extrait des rencontres que je peux vivre avec la Vibration.

Je remercie chaleureusement toutes les personnes qui m'entourent et m'accompagnent à porter cette œuvre.

« Continuer à vous entourer des âmes tout autour de vous pouvant collectivement aider à l'ascension et d'accueillir cet amour que l'on vous porte à vous, point à la lumière. Ces âmes vous font confiance et ne doutent point de vous. »

La lumière en fait référence, et je ne peux que considérer leur présence.

On me pose souvent la question :

Comment en es-tu arrivée au channeling ?

Cela a débuté par une rencontre fortuite, en méditation. J'avais une vingtaine d'années.

Cependant, depuis mon enfance, j'avais une connexion avec le monde subtil. Petite fille très sensible, je lisais dans les corps inconsciemment et me sentais perturbée de toutes ces informations que je recevais. Je ne savais que faire de tout ceci. Ce qui a contribué durant mon adolescence à vivre des périodes très noires et très douloureuses, alliées à une grande difficulté de vouloir rester sur notre Terre.

Pourtant, un fil conducteur, ma lumière, mon élan de vie, ma régénération, ma guérison ont toujours été puisés dans quelque chose qui a été au-delà ou au-dedans de ce qu'on nomme cette réalité.

Ainsi, il y a quelque chose d'assez naturel et d'inné en moi, de me connecter à une profondeur plus divine, plus sage, que j'habite, qui m'habite, et qui nous habite tous.

Les personnes qui m'entourent ont permis la conscientisation et la reconnaissance de ce pouvoir dont je suis porteuse et dont tout le monde est porteur.

Ce phénomène s'appelle intuition ou sixième sens. Il n'a rien d'extraordinaire. C'est un sens que tout le monde porte, qui n'est pas encore déployé dans notre monde actuel, mais qui dans des décennies à venir sera puissamment utilisé.

Actuellement, je donne des formations et j'enseigne sur ce pouvoir médiumnique. En fait, je rappelle à la personne, ce sens oublié, occulté ou amputé qu'on nomme sixième sens et lui apprend à s'en servir.

C'est par cette intuition que nous pouvons avoir accès à des mondes tout autour de nous et en nous, nous ouvrir à l'anatomie des corps subtils, lire des mémoires cellulaires et les dossiers akashiques.

« Connais-toi toi-même et tu connaîtras l'univers et les dieux. »

Dans cet adage, il y a toute une vérité qui m'habite et rayonne de tous ces enseignements et cet art de vivre.

La vibration m'invite chaque jour à m'aimer mieux, m'aimer davantage, m'aimer avec considération et valeur justesse… Je tente chaque jour d'aimer…

Les enseignements qu'elle me fait ou les informations qu'elle m'offre se mettent en place au-delà de moi-même dans cette vie…

Je suis alors « contrainte » de suivre le mouvement et de cheminer dans l'action, la conscience et l'amour pour poursuivre sur la voie à laquelle je suis dévouée et fidèle.

Rentrer dans sa puissance d'incarnation

Nous sommes fort heureux de nous remanifester auprès de vous.

Nous sommes fort heureux d'observer les retrouvailles auprès de vous-même et la joie que certaines étincelles à l'intérieur de vous peuvent émaner. Nous nous réjouissons et nous vous retrouvons dans ces étincelles au profond de vous-même, de vos miasmes et vos conditionnements, nous sommes au plus profond de vous-même.

Qu'en est-il de cette incarnation ?

Observez le schéma de l'incarnation le cycle de l'involution, le cycle de l'évolution qui crée un cercle, une infinitude, et dans ce cercle d'infinitude, il y a perte du début et de la fin, de l'origine, de l'origine, de l'origine, de l'origine, de l'origine, de la fin, des fins, des fins, des fins.

Ainsi vous demeurez au sein même de cette incarnation, dans un cercle de multiples incarnations.

Cette incarnation n'est qu'un point parmi d'autres points du cycle magnifique de votre propre divinité. Votre divinité est au-delà de cette incarnation, au-delà des multiples incarnations que vous avez déjà réalisées.

Votre divinité porte, certes les incarnations, mais votre divinité porte une grandeur, une vastitude, beaucoup plus élevée que la somme et la totalité de vos incarnations.

Ainsi, vous êtes dans une seconde d'une incarnation parmi des milliards d'incarnations que vous avez débutées au milieu d'un circuit dans lequel ces multiples incarnations sont elles-mêmes des perles dans une vastitude d'une cosmologie-divinité.

De ce point de vue de la lumière, lorsqu'il vous arrive quelque chose, à un espace bien défini de ce corps, dans la seconde de cette incarnation, au milieu de milliards d'incarnations, qui elles également sont au milieu, etc. d'une vaste cosmologie, vous pouvez rencontrer le dé-ta-che-ment... Non point, que ce que vous pouvez vivre dans l'instant ne soit pas précieux, certes non. Simplement, honorez ce que vous vivez.

Vivez dans l'entièreté de vos cellules ce que vous pouvez vivre dans l'espace-temps.

Retrouvez votre pouvoir du discernement pour :
– ne point vous perdre dans les expériences que vous vous êtes données à vivre
– retrouver la réalisation de vous-même
– ne point perdre les autres êtres pouvant vous aider à la réalisation de vous-même en venant, dans cette perte projeter sur d'autres êtres autour de vous, votre propre attachement.

Vivez, vivez, vivez, vivez, vivez joyeusement, vivez tristement, vivez dans la colère, vivez dans la paix, vivez tous les états que vous désirez vivre.

Cependant, ne vous perdez point dans ces états.

Traversez ces états, explorez ces états, reliez-vous à ces états, sentez ces états.

Ne vous perdez point dans ces multiples expériences dans lesquelles vous avez l'opportunité de pouvoir vivre.

Vous êtes davantage que ces états.

Ne vous séparez point de ces états,
ne fusionnez point avec ces états.

Revenez fusionner à la source
divine de qui vous êtes, la source
divine en vous.

Avez-vous question ?

P : « **Je ne comprends pas que l'on doive traverser l'état de joie ? Alors que c'est un état où on aimerait s'arrêter, un état qu'on aimerait tous vivre. Pourquoi juste le traverser ?**

MM : - Car l'état que vous nous partagez cher être, est **un état d'illusion de la joie.** Ainsi vous touchez cet état, car vous êtes dans un espace dans lequel : « J'aime », sous-entendu que vous demeurez dans votre dualité que si vous étiez dans un autre état, vous n'aimeriez pas. Ainsi cet état que vous touchez demeure à nouveau dans une illusion de la dualité, et n'est point la source originelle de la paix et de la joie. Nous comprenez-vous ?

P : - Oui. Mais à ce moment-là, on traverse successivement différents états...

MM : - Certes. Et vous les retraverserez et vous les retraverserez et vous les retraverserez et vous les retraverserez et vous les retraverserez et vous les retraverserez et vous les retraverserez et vous les retraverserez dans de multiples incarnations, de multiples fois, sous de multiples formes.

Ainsi, lorsque certains êtres ici présents portent des regrets, ne regrettez point. Vous aurez de multiples occasions de revivre les évènements.

Autre P :- S'il s'agit d'une joie, de la joie profonde, à ce moment-là, nous pouvons l'accepter. Je veux dire la goûter. Nous pouvons y rester dans cette joie profonde, davantage que si c'est une simple joie ?

MM : - Il y a confusion, cher être.

Ce que vous pouvez nommé la joie profonde n'est pas un état à rester, mais un état à être.

Cet état n'est pas à demeurer, cet état est à être.

Demeurez-vous dans votre respiration ou êtes-vous respiration ? Ce que vous êtes, vous l'êtes, il n'y a point d'effort pour le maintenir.

La quête profonde de votre incarnation est la réalisation auprès de vous-même.

Pour certains êtres, la réalisation portera sur la guérison de corps physique, pour d'autres la réalisation se portera sur l'épanouissement de leur champ émotionnel, pour d'autres la réalisation se manifestera dans la réalisation de leur propre divinité.

Il n'y a point de justes réalisations à réaliser. Chaque élément permettent une agglomération de diverses cellules permettent la poursuite, la suite et l'évolution du grand champ vibratoire divin.

Ne cherchez point à réaliser autre chose que là où vous êtes déjà.

Tout ce que vous avez déjà partagé de cette incarnation était un chemin juste pour vous amener dans la libération auprès de vous-même. Nous vous invitons à cesser de vous morfondre, à cesser de vous renier, à cesser par moment de vous insulter.

Dans cette quête auprès de vous-même, il y a différents aspects et différents axes dans la réalisation auprès de chaque être humain, auprès de différents peuples, auprès de différentes générations ou évolutions. Ne venez point comparer votre propre évolution à l'évolution d'un autre être, car ceci est d'abord sur des comparaisons erronées, permettant de poursuivre la dualité, la séparation sur laquelle vous poseriez des points de comparaison, des points de jugement, en ayant d'infimes données et non point la complétude de toutes les données permettant la comparaison.

Soyez ce que vous êtes, et ce que vous êtes, offrez-le à votre humanité, offrez-le à votre monde, offrez-le à la vie.
Votre incarnation est d'abord pour vous-même.

Pourquoi, ceci est-il soit difficile soit compliqué de vous réaliser et de cesser pour certains de vous sacrifier, de cesser de préférer vous nier pour offrir aux autres ?

Observez ceci. Vous pouvez poursuivre dans le don aux autres, certes, certes, certes, certes. Certes, il n'a point dans la réalisation auprès de soi de cesser l'offrande à l'autre, nul doute de ceci. Cependant, EXISTEZ également…

La réalisation auprès de soi, dans la puissance auprès de vous-même est davantage d'exister dans ce que vous pouvez donner aux autres, d'exister et de manifester la vie en vous à travers vos offrandes quelles qu'elles soient.

Manifestez la vie en vie lorsque vous offrez. Manifestez la vie en vous lorsque vous vivez auprès de vous-même.

Manifestez la vie en vous à chaque instant de votre vie.

Manifestez votre vie auprès des autres, auprès de vous-même.

Revenez à cette lumière de la vie en vous, au sein et en présence des autres, quelle que soit l'action que vous pouvez faire auprès des autres.

L'incarnation est bien plus vaste que ce champ limité de cause à effet que certains êtres pourraient manifester. Elle est bien plus vaste, bien plus grande que simplement cette relation avec une, deux, trois personnes, etc.

Votre incarnation est précieuse dans votre dignité.

Honorez le précieux, sans vous attacher au précieux.

Célébrez le précieux, sans être possessif.

Lorsqu'il y a réalisation de ceci, certains êtres pourraient vivre le dépérissement de manifester : « A quoi bon tout ceci s'il n'y a rien à obtenir à posséder ou si tout est théâtre ? »

Simplement, cher être, par le fait même de la réalisation à travers ce théâtre, à travers ces illusions de la puissance de votre divinité.

La manifestation de ces mirages vous ramène à la puissance de votre divinité.

Nous vous remercions.

MM : « - Avez-vous autre question ?

P : - Je voulais juste savoir, pour le soin de ce matin, que l'on me pousse de gauche à droite, j'ai eu des secousses. Je voulais savoir s'il y avait un sens à ces secousses.

MM : - Que ressentez-vous dans ces secousses que vous recevez ?

P : on me secoue

MM : - Certes

P : - On me demande de me réveiller. Je ne me sens pas endormie.

MM : - Certes. Peut-être inconsciente ? Sortez dirions-nous cher être, secouez-vous cher être de l'illusion de votre solitude, de l'illusion de ne point être aimée, de l'illusion de ne point être reconnue et de ne point mériter.

Secouez-vous, à retrouver le potentiel divin auprès de vous et de le vivre. Que ressentez-vous quand nous vous partageons ceci ?

P : - Je sens de la chaleur, physiquement de la chaleur, mais ce qui m'interpelle c'est le "à côté de", car pour moi le divin était en moi.

MM : - Où ressentez-vous la divinité ?

P : - Dedans mon cœur.

MM : - Certes. (Silence) Que ressentez-vous ?

P : - De la paix.

MM : - Où ressentez-vous cette peine ?

P : - Pas ma peine, j'ai dit de la paix

MM : - Où ressentez-vous la paix ?

P : - La paix, dans toutes mes cellules, je sentais la paix.

MM : - Observez cher être combien vous touchez votre illusion de vous manifester dans la paix et dans l'amour afin de masquer la profonde détresse de votre solitude et vous illusionner que vous êtes paix, amour, lumière. Certes que ceci est une vérité dans la profondeur de vos cellules, mais que vous touchez actuellement cette vérité dans une illusion de vous servir de ce potentiel pour masquer de profondes blessures que vous ne pouvez point aller voir.

Il y a un retournement à utiliser certains enseignements reçus, pour les utiliser à poursuivre, à masquer votre blessure, votre solitude et alors, il y a quelques secousses pour pouvoir vous permettre d'enlever ce voile de l'illusion. Ce voile de paix, amour, lumière, etc. est davantage servi pour vous illusionner et pour fuir certains aspects et certaines blessures. Ainsi si vous ne rentrez point dans ces aspects et ces blessures, vous ne pourrez point vous détacher de ces aspects et de ses blessures.

Il y a certains aspects, chers êtres, pour lesquels, vous pouvez profondément les transcender au travers de certains soins énergétiques certes, au travers simplement la vie vous traversant. Il y a d'autres aspects pour lesquels vous êtes trop collé et identifié à ces aspects et vous remettez des colles sur ces aspects où toutes ces incarnations servent à vous permettre de vous en décoller. Ceci expliquant grandement pourquoi vous vivez toujours des souffrances dans vos incarnations.

Nous comprenez-vous ?

P : - Oui. Je n'ai pas envie d'aller voir.

Rires

MM : - Certes. Nous apprécions votre honnêteté. Vous pouvez faire le choix de ne point aller voir. Vous pouvez simplement observer l'illusion que vous avez mis un voile pour enjoliver certains aspects pour ne point voir la profonde blessure et de ne point rencontrer la réalité de l'amour, de la paix, de la lumière qui vous habite, cher être.

Nous vous remercions. »

Nous sommes fort heureux de nous être manifestés auprès de vous. Nous demeurons présents auprès de vous et nous sommes fort joyeux de nous manifester dans les habitudes de votre vie et dans tous les instants de votre vie. Nous vous invitons, si vous le choisissez, de pouvoir, ce soir, au moment de vous coucher, allumer une bougie pour vous-même, poser une main sur votre cœur, une main sur votre hara et vous dire « Je m'aime » « Je m'aime » et « Je viens reconnaître, et honorer la vie en moi ». À ces paroles, vous pourrez sentir instantanément notre présence en vous.

Nous vous remercions.
Le groupe : - Merci.

**Channeling via la Vibration de Marie-Madeleine
Le 6 juin 2015**

L'enseignement d'Emma

Ces enseignements nous invitent à venir VIVRE simplement et humblement…

Ils nous rappellent de prendre le temps de vivre et d'être présents à ce que nous vivons.

La vie est une contemplation même dans l'action.
Le but de notre vie est de se réaliser…

Les enseignements nous rappellent souvent de commencer à nous aimer et nous honorer.

Il est difficile de se regarder ; fuir en s'occupant de l'autre est souvent plus aisé et moins douloureux…

Oser se regarder, s'aimer et vivre est loin d'être un acte d'égoïsme, mais un geste humble de notre personnalité envers notre Essence.

Honorons notre Incarnation

Réalisons nos rêves afin qu'à l'heure de notre dernier souffle, nous puissions être heureux d'avoir vécu et heureux de partir…

Revenir au Bas-Saint

Nous sommes fort heureux que vous puissiez venir dans le bassin de vos essences, dans le bassin de vos corps afin que vous puissiez venir nager dans le lac de votre bassin.

Venez vous ressourcer, vous délasser dans l'eau de votre bassin. Venez sentir notre amour inconditionnel, là où vous pourriez y mettre des jugements, là où vous pourriez vous juger, pour certains, pervers, pour d'autres, sales, pour d'autres, honteux, pour d'autres, déplacés.

Venez simplement nous rejoindre dans le bain de lumière de votre bassin. Car, nous vous le rappelons : le Bas-Saint, le Bas qui est saint.

Ainsi, pour poursuivre l'enracinement dans votre structure, l'accroissement de votre potentiel énergétique, nous vous demandons de resacraliser et pour ainsi dire, revisiter les formes de miasmes et de croyances mentales de ce que vous pouvez vivre dans votre Sainte Base, dans votre Bas Saint.

Soin de purification

Nous vous invitons à l'eau pure, à l'eau cristalline de ce Bas Saint. Nous vous invitons à ce nettoyage de vous baigner, de vous nettoyer. Que tout miasme puisse, tel un phénomène d'aspiration, se libérer immédiatement et instantanément au travers vos jambes, de redonner le pouvoir d'alchimisation de l'énergie, à ce que vous pourriez lâcher.

Nous vous invitons à libérer encore et encore cet espace afin qu'il y ait un éclaircissement dans votre champ de conscience, dans votre champ de votre troisième œil, afin qu'il y ait éclaircissement dans les formes de miasmes de croyances, afin que vous puissiez complètement et entièrement, contempler l'être que vous êtes par la considération de votre identité de qui vous êtes, afin que vous puissiez venir enraciner votre propre Essence dans le corps que vous avez choisi, dans ce véhicule d'incarnation qui a une marque.

L'importance de la considération de l'Essence de soi

Vous vivez dans ce monde avec des marques d'auto, Citroën, etc. Vous vivez également dans un corps où vous êtes de marque Homme, de marque Femme. Ainsi, chaque marque a son sceau auquel nous n'allons point rentrer en ce jour dans une anatomie de vos corps.

Cependant, venez simplement identifier que votre Essence a choisi un véhicule de marque et que ce véhicule de marque a besoin, en ce jour, d'être considéré et reconsidéré dans l'identité de sa propre marque ; car toute marque a une spécificité qui lui est propre, toute marque a une identité qui lui est propre, une exception, un potentiel, une spécialité.

Ainsi, lorsque vous ne venez point considérer votre propre structure dans la propre identité de qui vous êtes, il y a poursuite, un amalgame, un mélange de vous et des autres.

Ainsi, un homme est un homme, une femme est une femme. Dans vos véhicules d'incarnation, il y a l'Essence de qui vous êtes, certes, les liens karmiques que vous pouvez entretenir, le lien divinatoire que vous portez n'a aucune, influence sur l'identité terrestre que vous êtes.

Cependant, il est fort important de revenir reconsidérer l'identité de qui vous êtes, et le véhicule de qui vous êtes, car en ne venant point considérer qui vous êtes, vous touchez la phase de l'équilibre et de l'Essence.

En venant nier votre identité, vous augmentez la possibilité que votre « ego » ou « personnalité » s'accroisse encore et encore, car la non-reconnaissance de qui vous êtes provoque une exagération égotique afin qu'il y ait reconnaissance de ce que vous êtes.

Nous comprenez-vous ?

Il n'est plus l'heure du combat de l'Essence et de l'être ego.

Il n'y a point à « tuer ego ».

> *Il y a complémentarité et complétude, car l'ego est divin.*

Plus vous niez l'identité de qui vous êtes, plus vous niez l'espace vital, l'espace de votre sexualité, de votre animalité, de votre humanité, de votre véhicule de lumière, plus, vous augmentez le potentiel de la rébellion de votre personnalité égotique.

Plus vous niez votre personnalité, plus l'espace, que vous nommez « ego » prendra de la place afin de, revendiquer son droit à la reconsidération et à la reconnaissance.

Ceci est dans une réalité duelle et dimensionnelle. Or, il n'y a point de séparation. Ainsi, cet espace fait partie d'un tout dans lequel ce tout a également besoin de ces divisions et ces jeux de dualité.

Ainsi, nous prenons l'exemple de la soupe. Mettez du sel dans la soupe, très peu de sel. Ceci, peut paraître, anodin de mettre 3 grains de sel dans une soupe, n'est ce point ! Cependant, ces trois grains de sel vont permettre de contribuer à l'amélioration de la soupe. Il en est de même pour cette reconsidération de l'identité de qui vous êtes.

Sur un plan hautement vibratoire, que vous soyez considéré ou non par vous-même, il n'y a peu de différence.

Cependant, la qualité de votre vibration divine n'en sera que, améliorée par ces quelques, grains de sel de reconsidération que vous mettrez dans votre soupe divine.

Tout ce que vous pouvez vivre au niveau de ce que ce vous pouvez nommer dualité ou « troisième dimension », « vibration dans la séparation duelle » est fort utile pour l'amélioration de votre essence divine.

Lorsque nous parlons d'amélioration, nous parlons de vous rapprocher de votre propre Lumière, de vous rapprocher du potentiel divin que vous portez, de vous rapprocher de ce que vous êtes réellement.

Le conflit est salutaire

Ainsi, prenez un couple, des amis, des sœurs en conflit. Ceci peut sembler corps de souffrance. Ceci peut sembler augmenter des cristallisations de séparation. Ceci peut augmenter la séparation, mais ceci peut être aussi accueilli lorsque vous portez l'unité à l'intérieur de vous.

Ces conflits sont des nettoyages émotionnels, des nettoyages mentaux, des nettoyages énergétiques, afin que l'un et l'autre puissent se dépouiller et se nettoyer, que l'un et l'autre puissent cheminer vers leur propre enracinement de la lumière de qui ils sont.

Ainsi, lorsque vous pouvez venir considérer que les conflits sont source d'évolution, vous pouvez :
– considérer que, dans un conflit, vous pouvez sortir de l'ordre et de l'attachement, pour rentrer dans le détachement…
– perdre la peur de perdre l'Autre…
– perdre la peur de vous retrouver seul…
– perdre la peur, de vous retrouver dans l'errance de qui vous êtes.

Nous vous informons que l'errance de qui vous êtes, est non point une conséquence de la défusion de l'autre, mais une conséquence de la non-considération de votre identité de qui vous êtes.

La considération et la reconnaissance de qui vous êtes dissout la perte, l'errance, la sensation d'isolement, la peur de la différenciation.

Ces conflits permettent de revenir à qui vous êtes.

L'amour que vous portez à un autre être invite à laisser l'autre libre de vivre ce qu'il a à vivre… laisser l'autre cheminer tel qu'il a à cheminer pour les retrouvailles avec lui-même… nourrir la notion de détachement et non plus la notion de possessivité ou d'attachement, par une peur, sous-entendue, de perdre ce que vous croyez être… Il invite à davantage vivre ces moments de différenciation que vous pouvez nommer conflits comme des potentiels dans les retrouvailles auprès de vous-même.

Cessez d'oublier votre reliance à qui nous sommes, cesser d'oublier votre reliance à votre propre divinité, cesser de nous oublier…

Vous cultivez votre tronc de lumière, votre propre canal de lumière. Laissez les choses cheminer telles qu'elles doivent cheminer, pour qu'elles-mêmes puissent poursuivre le chemin dans lequel vous êtes tous et toutes, sur cette planète, engagés : ce chemin des retrouvailles avec vous-mêmes, de la réconciliation avec vous-mêmes, des retrouvailles avec votre divinité.

Plus vous venez considérer l'identité de qui vous êtes, plus vous serez dans la liberté de ne plus posséder, plus vous ne sentirez plus cette forme de solitude ou d'isolement, d'errance, ou de perte, lorsque vous n'êtes plus accroché à autre chose que vous-même.

<u>Prenez l'exemple que vous êtes un arbre :</u>
Enracinez votre structure énergétique, telle des racines pour vous relier à nous-mêmes. Vous faites circuler votre propre énergie, tel un arbre faisant circuler sa sève. Votre seule nourriture est vous-même. Ainsi, chaque arbre peut laisser libre cours à la flore à côté de l'arbre pousser telle qu'elle doit pousser, au lapin à côté de l'arbre passer comme il doit passer, aux champignons à côté de l'arbre, se déployer comme il doit se déployer, à l'oiseau sur l'arbre se poser tel qu'il doit se poser, au ver dans l'arbre se nourrir tel qu'il doit se nourrir, sans se sentir dépossédé, sans se sentir humilié, sans se sentir esseulé, lorsque le lapin quitte l'arbre, ou lorsque l'oiseau quitte l'arbre ou lorsque la feuille se meurt, etc.

Ainsi, votre propre base, le Bas Saint est à la hauteur du Haut Saint.

Nous vous remercions.

**Channeling via la Vibration de Marie-Madeleine.
Le 1er février 2015**

L'enseignement d'Emma

Cet enseignement nous appelle à reconsidérer la vision que nous portons sur notre premier chakra et la zone du périnée.

Comment repurifier et redonner sens à notre base, notre identité sexuelle, nos organes de vie afin de redonner un bassin saint ?

Observons notre corps, notre périnée est à la base de nous-mêmes. Il contient nos organes de vies. Tout le poids de notre corps physique se pose sur cet espace de vie.

Comment pouvons-nous avoir une construction solide lorsque les bases sont abîmées, brimées, interdites d'être habitées, reniées, refoulées ?

Il est fondamental de pouvoir réparer l'assise afin que le cheminement de la puissance naturelle de vie puisse s'émanciper.

L'assise est essentielle dans la construction de l'identité d'être. Cette base nous offre la solidité, la sécurité et NOTRE place dans cette incarnation.

Yoni et Vajra, ces organes de vie sont bien davantage que des outils sexuels. Ils sont la construction et l'identité de vie. En comprenant cela, nous appréhendons mieux l'importance des dégâts produits dans le reste du corps physique, émotionnel, mental et spirituel, lorsque nous détruisons ou blessons cet espace fondamental.

Ainsi ces organes de vie touchent le fondement du chakra sacré. Par conséquent, s'il y a blessure dans le bassin (bas-saint), il y a blessure dans une base fondamentale venant déséquilibrer le système énergétique.

Ces multiples indifférences faites sur yoni et vajra sont souvent issues des conditionnements venant interagir avec notre conscience. Ces entremêlements amènent à la perte de la reconnaissance de la vie dans la vie.

Pourtant, la Vie est dans cette base, ces assises. Nous avons tous été dans la source et au cœur d'une Yoni. Nous avons tous rencontré intimement, cellulairement, corporellement l'entièreté de cet organe de vie et son histoire.

Que notre éveil de conscience ; permette de changer l'histoire étonnée sur le bas-saint, afin qu'il redevienne un lotus de lumière. La fleur de la grâce sacrée, la pureté habitant notre premier chakra

Cet enseignement nous parle également des conflits comme source d'évolution.

Thérapeute transpersonnelle, il m'arrive de rencontrer dans mes accompagnements, des personnes en souffrance, en conflit intérieur ou extérieur, car en quête d'amour. Elles expriment soit verbalement, soit corporellement un manque d'amour, ou des carences affectives.

Devant la souffrance, la peur du conflit, l'homme a tendance à nier, fuir plutôt que de s'approcher.

Devant un corps, une psyché abîmée, déchue, blessée, devant les cris, les pleurs, la dépendance (les émotions), des stratégies sont fréquemment observées :
– L'activisme : auto accélération et hyper activité, voire épuisement et surmenage physique.
– La fuite : permettant de s'écarter du « sacrifice ».
– Le déni.
– L'amnésie.

Mais, qu'est-ce que la souffrance ? Pourquoi souffrons-nous ? Qui souffre lorsque « je » souffre ?

L'incarnation, puis la naissance et ensuite la « Vie » nous donnent à tous, la possibilité de connaître ce phénomène pénible, ces sensations douloureuses en nous que nous dénommons : « souffrance », mais cette même incarnation, cette même naissance et cette même « Vie » nous invitent tout autant, à découvrir la joie, le bien-être, la plénitude, la béatitude, un versant de ce que nous nommons « l'AMOUR ».

Alors, pourquoi sur une même expérience, une personne fera l'expérience du conflit intérieur et une autre celle de la joie ? Il apparaît alors que ce que nous vivons n'est relatif qu'à nous-mêmes, filtré par notre propre jugement, notre propre vision.

Notre organisme interprète l'expérience du moment présent, avec ses connaissances, ses mémoires cellulaires se rappelant ce qu'elles ont vécu, ce qu'on leur a transmis, ce qu'elles ont compris au fur et à mesure de leur maturation, et ainsi il la vit avec des sensations agréables ou désagréables.

Si nous cherchons à vivre une vie qui nous remplisse, où nous ne nous sentons plus en conflit, nous devons comprendre comment elle fonctionne en nous et en l'autre. C'est une démarche de connaissance de soi sur les plans physique, relationnel et spirituel.

Cela commence par la prise de conscience que des idées reçues et des sentiments négatifs s'agitent à l'intérieur de nous à notre insu et nous détournent de notre Moi véritable.

En effet, pour la majorité d'entre nous, nous vivons dans la dualité. En nous s'affrontent deux parties, deux personnages, deux forces de nature inégale. L'une est notre Moi véritable (notre Essence) et l'autre est une personnalité fabriquée par les circonstances, nos vécus plus ou moins dramatiques, et l'éducation reçue tout au long de notre vie. Les traits négatifs de peur et de rigidité ainsi que les idées reçues sont inscrits dans notre personnalité, non dans notre Être véritable.

Nos dysfonctionnements, en particulier ceux de la sexualité, du pouvoir, de l'argent, résultent d'une dichotomie entre ces deux aspects de nous-mêmes, mais aussi du fait que la personnalité se manifeste de façon intempestive et voile « le Moi » véritable. Lorsque la personnalité reconnaît la présence de l'Essence, se met à son écoute et fonctionne de concert avec elle, tout s'harmonise et s'unifie.

En cessant d'obéir à notre personnalité, à ses jeux de pouvoir et ses complications, en étant attentifs au langage et aux signaux de notre Essence, nous percevons ce qui est juste et bénéfique pour nous.

Alors, nous passons du conflit intérieur à l'harmonie.

L'origine de vous-mêmes

Nous sommes heureux de nous remanifester auprès de vous, nous sommes fort heureux de vous englober dans ce bain de Lumière, nous sourions de ce que vous avez pu vivre auprès de nous et nous vous en remercions.

Nous vous invitons à pouvoir approfondir en cet après-midi davantage la confiance auprès de vous-même, davantage l'estime, et l'enracinement de qui vous êtes dans la stabilité et la solidité de votre essence d'être, dans la stabilité et la solidité la grâce du rayonnement de qui vous êtes.

Pour certains êtres ici présents, que se passe-t-il au sein même de la structure de votre nombril, non point que vous regardez votre nombril, dans le versant égotique. Prenez conscience que cette zone de votre corps d'incarnation physique est la porte de nombreuses et multiples mémoires, à laquelle vous pouvez y relier une grande connaissance de votre incarnation, de votre histoire, car le cordon de la vie est et a été ce lien auprès de ce qui a été créé par la suite et nommé nombril.

Posez votre conscience dans cette zone de votre espace du corps physique et pour certains, il y aura douleur, pour d'autres, il y aura gonflement, pour d'autres, il y aura épaississement, pour d'autres, il y aura fluidité.

Un mental limité pour s'éveiller

Revenez à l'origine de l'origine de l'origine de vous- même, l'origine de vous- même se loge dans la cellule même de ce que vous pouvez nommer la zone de votre nombril.

Nous vous invitons à descendre à travers ce cordon, à l'intérieur de vous-même, cette corde dans les profondeurs, dans l'univers du divin, universel en vous-même.

Nous vous informons, d'ores et déjà, que plus nous approfondirons les enseignements auprès de vous, plus l'espace de votre champ mental aura de plus en plus de mal à comprendre certaines structures, certaines formes, certaines phrases.

Nous n'invitons plus la compréhension du mental, mais davantage que vous puissiez en ressortir les fruits dans les structures corporelles et de conscience de votre corps, dans lequel vous sentirez des changements vibratoires, en passant bien au-delà de la compréhension de votre mental, car la compréhension de votre mental vient maintenant limiter l'éveil de qui vous êtes.

Cependant, vous poursuivrez à avoir des connaissances mentales, mais nous vous initions bien davantage à l'enracinement de qui vous êtes et bien davantage, nous vous offrons des informations au-delà des circuits de votre champ cérébral.

Ces circuits de votre champ cérébral deviennent maintenant fort limités pour pouvoir vous atteindre dans la profondeur de ce que nous aimerions vous faire voyager au sein même de qui vous êtes afin que vous puissiez davantage prendre conscience.
Vous êtes bien plus vastes que ce champ mental, bien plus vastes que ce champ corporel, physique, vous êtes l'univers des Dieux.

Afin que cette notion devienne une vérité et non plus une croyance, non plus un concept, mais votre manière de vivre, votre manière d'être, car vous l'incarneriez et entièrement dans toutes vos structures de votre corps, ainsi, nous aimerions donner l'exemple de certaines religions où vous pouvez croire en un Dieu et savoir et non point remettre en doute, la divinité.

Ainsi, il peut y avoir la croyance qu'un Dieu existe et il y a la certitude que cela est sans aucune remise en question, car sans aucun doute de cela.

Nous prenons l'exemple que vous pouvez croire en Dieu et que vous savez sans aucun doute que cela est.
Vous êtes un homme ou une femme.
Ainsi, chaque jour, vous ne vous levez point le matin, en ayant la croyance que vous êtes un homme ou en ayant la croyance que vous êtes une femme, mais vous êtes dans la certitude que dans cette incarnation, vous êtes marqué du féminin ou vous êtes marqué du masculin dans votre identité ; vous n'êtes plus dans la croyance que vous croyez que vous êtes une femme, mais vous

savez grandement que vous l'êtes.

Il en est de même dans ce que vous pouvez toucher de votre propre divinité. Pour que ce concept ne soit plus un concept ou une croyance cérébrale de quelque chose qui peut se manifester, vous le portez dans l'entièreté de vos cellules - tout comme vous portez l'identité de votre sexe dans l'identité de votre corps physique. Nous comprenez-vous ?

- Oui !

Avez-vous questions ?

Méditation au cœur du nombril

Revenez à l'espace de votre nombril, revenez à l'espace du cours, du cours, du cours dans lequel vous étiez vous-même dans un autre corps, celui de cette mère d'incarnation, ce corps était lui-même dans un autre corps, et que de cet autre corps, il était lui-même dans un autre corps, et que de cet autre corps, il était lui-même dans un autre corps, etc., et vous étiez au cœur même de la matrice de la terre.

Observez si la sensation d'étouffement peut arriver, observez si la sensation de mourir peut arriver, observez si la sensation de solitude et de noirceur peut arriver, observez ceci, rentrez dans la profondeur de ceci et dans la profondeur de ceci, nous vous rappelons votre conscience de cette lumière en vous et de cette reliance directe à la lumière au cœur même de la noirceur de la solitude, de l'enfermement, de la profondeur des méandres de la terre et de votre mère matricielle.

Venez ressentir l'accompagnement de la guidance de la lumière, du faisceau de lumière, du joyau de lumière, de l'étincelle de lumière et peu importe où vous la ressentez, peu importe où vous la voyez, peu importe, où vous la captez dans votre champ de conscience.

Au cœur même de ce nombril, vous portez la lumière et nous invitons à ce que cette lumière se déploie par votre champ de conscience, par votre champ d'émanation, et non point, que cette lumière se déploie indépendante de vous, mais que cette lumière se déploie, car vous êtes la source de lumière, car vous êtes l'origine de la lumière. Ne voyez point une lumière se déployer à côté de vous.

> *Prenez force et stabilité dans votre lumière. Assumez votre lumière. Enracinez votre lumière. Décidez d'ouvrir et de retrouver la liberté, par vos forces de lumière, par le déploiement de qui vous êtes, par le déploiement de vos forces de lumière.*

Exemple du président (être) et du maire (l'ego)

Ces forces de lumière œuvrent et sont mises au service d'une plus grande divinité pour laquelle il y a accueil et acceptation de cette guidance de lumière auprès de vous et en vous, afin que vous deveniez tel un orteil sur le corps et que l'orteil accepte de se mettre au service... du corps et du cœur du corps et, non point, soit simplement mis au service de l'orteil uniquement.

Prenez conscience que votre champ cérébral peut-être un champ cérébral de l'orteil, mais que le champ cérébral de l'orteil n'a point conscience de la globalité du corps. Le champ cérébral de l'orteil peut savoir ce qui se passe dans l'orteil, mais ne peut point savoir ce qui se passe dans l'arrière bras gauche... il en est de même pour ici...

Ainsi, observez que vos forces de lumière sont dirigées par une divinité bien plus supérieure pouvant régir l'entièreté de votre corps que simplement la force cérébrale de votre orteil.

Votre champ cérébral de l'orteil peut régir l'espace de vos orteils, mais vous n'avez point le pouvoir de régir l'entièreté de votre corps.

Il en est de même dans votre incarnation : vous pouvez régir l'espace de votre vie, mais vous ne pouvez point régir l'entièreté du plan divin de cette planète, de l'inconscient collectif, du conscient collectif, de l'Univers et de la Divinité.

Acceptez que vos propres forces de lumière puissent se mettre au service d'une divinité bien supérieure au roi cérébral de qui vous êtes.

Non point, que votre dirigeant ne serve à rien, mais cultivez également le lien de confiance et de dévotion.

Vous avez un président dans ce pays et celui-ci a des ministres, des préfets, des maires, etc. et le maire du village peut gérer ce qui se passe un minimum dans son village, mais ne peut gérer le pays en entier.

Il en est de même que votre champ cérébral et votre ego peuvent gérer une partie de ce qui se passe dans votre vie, mais ne peut point gérer l'entièreté du plan divin.

Ainsi, le maire fait confiance au président, il en est de même que votre champ cérébral peut se mettre en confiance auprès du Plan Divin, dans lequel vous pouvez ressentir vos forces de lumière.

Tel un habitant d'un village, vous pouvez être à la foi régis sous les ordres du maire, mais également sous les forces présidentielles, n'est-ce point ?

Il en est de même pour vos forces intérieures, auxquelles vous êtes régis sous ces deux et d'autres formes. S'il y a dualité ou désaccord entre les parties régissant votre énergie : ceci va apporter conflit, tout comme si le président vous dit quelque chose et que votre maire vous dit autre chose.

La joie du retour à la maison divine

Vous pouvez toucher une petitesse, vous permettant de toucher une grandeur divine de qui vous êtes, permettant de toucher, et de voir, et de contempler l'Univers Divin permettant de donner des portes d'accès à des mémoires cellulaires, à des mémoires d'incarnation, à des mémoires d'autres vies, à des mémoires futures, à des mémoires passées, à des mémoires collectives, à des mémoires divines, vous permettant tout ceci, pour venir dans le chemin des retrouvailles de votre alignement à la lumière, pour vous permettre de vous rouvrir certains neurones, certains champs cérébraux, certains cortex, certaines régions de votre conscience. Vous êtes également accompagnés, par des « potes-en-ciel, potentiel ».

Sentez davantage notre présence. Nous sommes partout, auprès de vous : vous êtes en train de dormir, nous sommes là... Vous vous l'avez, nous sommes là... vous mangez, nous sommes là... vous parlez, nous-sommes là... vous urinez, nous sommes là. Non point pour venir vous jugez, mais pour simplement être dans l'enveloppement et l'accompagnement telle la mère enfantant, lorsque la mère porte l'enfant, l'enfant accompagne la mère, partout, en tout temps, intemporellement, durant 9 mois de temps terrestre. L'enfant n'est point dans le jugement, mais simplement, dans l'enveloppement et l'accompagnement d'Amour permettant à son corps de se déployer.

Il en est de même pour nous : nous ne jugeons pas ce que vous faites, mais nous sommes dans une présence inconditionnelle, afin que notre chaleur puisse vous permettre de maturer encore et encore, vous réveiller à une maturité et à un éveil de votre champ de conscience, et à un éveil de qui vous êtes. Elle permet que vous reveniez à la joie, et aux retrouvailles de ce que vous êtes, car ceci est votre but, car ceci, peut sembler pour certains êtres, ici présents... peu intéressant or vous toucherez bientôt, le fondamental de cette initiation : il n'y a point davantage de joie de votre essence que de se révéler à elle-même et de savoir qu'elle rentre à la maison.

Il n'y a pas de plus grande joie pour votre âme que de revenir à la maison.

Fondamentalement, ceci est une joie pour votre essence, pour qui vous êtes, de se réjouir de revenir à la maison. Toutes vos formes d'énergie et de lumière sont déployées pour retrouver la divinité et la maison divine en vous.

Votre essence se réjouit de cheminer vers ses retrouvailles dans sa maison divine.

---

*La profonde joie de votre essence
est de cheminer vers ces retrouvailles
intérieures divines.*

Prenez le temps de vous asseoir

Prenez ce temps de fécondation, de germination : prenez le temps de vous asseoir. Dans un espace fécond de vous-même, vous êtes invité à observer toutes les peurs régnant en vous, vous empêchant de vous poser.

Prenez contact avec ces peurs, car vous ne le faites pas, c'est une conséquence de l'habit de honte de culpabilité et d'humiliation que vous portez.

Ainsi, si vous touchez ces peurs et que vous décidez de ne point demander d'aide à d'autres, ceci est une conséquence, que vous êtes dans la honte, dans la culpabilité… Cela vient réveiller des « je ne suis pas à la hauteur, etc. », « je ne suis pas un bon samaritain, etc. ».

Ceci est un début du nettoyage, de la décristallisation, des emprisonnements, que vous portez, mais dont vous n'avez plus conscience, tellement ceci est inscrit au cœur de votre plexus.

Prenez le temps de cultiver votre émanation

Vous ne pouvez point courir et émaner. Il y a un temps pour récolter, et pour semer votre émanation. Aujourd'hui, vous ne prenez plus le temps de cultiver votre émanation. Vous courez… à vide !

Vous êtes invités toutes et tous à augmenter vos temps de pause en cette année céleste et terrestre de votre plan planétaire.

Cessez de voir ces temps de pause comme inutile, voyez que ce vous nommer inutile est grandement un voile de culpabilité dans laquelle vous maintenez l'emprisonnement de votre essence et vous poursuivez à vous manipuler afin de courir et courir, ne permettant pas de cultiver l'essentiel…

P : « **Comment se laisser guider pour aller méditer, pour aller se poser ?**
MM : - En venant travailler sur votre pouvoir et en acceptant de vous mettre au service de la Lumière, en acceptant de venir rencontrer et de lâcher cette volonté et cette emprise du pouvoir et ce désir absolu de la toute-puissance et du tout-pouvoir.
Nous vous remercions. »

Vous rentrez dans une ère dans laquelle vous avez besoin de temps, pour l'évolution, la maturation de votre essence Divine intérieure. Reconnaissez et considérez l'importance de ces temps.

Non pour la reconnaissance sociale, certes non, mais pour l'œuvre du collectif et de la divinité à travers vous. Ces temps sont nécessaires et essentiels à la maturation de la Lumière en vous.
Ainsi, nous vous demandons :
– de lâcher encore et encore l'orgueil afin de revenir à vos propres essences,
– de lâcher encore et encore, le « je veux » du rayonnement de votre personnalité pour revenir encore et encore à la mise au service de vos forces auprès de la Lumière.
Vous pouvez reconnaître votre dévotion et votre œuvre pour votre collectif dans la guérison, dans la réconciliation, dans la Paix, dans les retrouvailles d'Amour, non point, dans les forces duelles de votre personnalité, mais dans les forces collectives de votre humanité sur ce plan terrestre, en reliance avec votre mère « Gaïa » et en reliance d'abord avec vous-même.
Vous serez amenés par la suite, chers êtres, dans des voyages dans lesquels vous prendrez conscience, que cet univers est bien plus vaste que la simple population humaine de votre planète, dans lesquels vous prendrez conscience que votre Terre-Mère est une forme Divine, telle que les orteils de votre corps et que cette Terre-Mère est elle-même l'orteil d'un autre corps, etc.

Plus vous accepterez de quitter le champ de l'attachement et de l'illusion, plus vous pourrez rentrer dans un voyage divin.

Nous comprenez-vous ?
Tous : - Oui !
Ainsi, il y a grandement les êtres désirant rester dans leur village et être le chef du village, et il y a les êtres désirant acceptant ne point être les chefs de leur village et pouvant tels des nomades rencontrer et s'ouvrir à l'autre. Il en est de même dans vos structures.

Vous pouvez rester le chef de votre ego et vous pouvez décider de le quitter pour aller rencontrer le monde Divin et explorer ce que le monde Divin peut vous offrir et vous ouvrir comme richesse et comme connaissance de qui vous êtes.

Nous vous remercions. Ainsi nous vous invitons, toutes et tous à pouvoir noter tous les espaces où vous serez confrontés à réaligner vos énergies de Lumière dans votre culpabilité, dans votre honte.

Nous vous invitons également, lorsqu'il y a difficultés, de prendre lien, afin de sortir, de l'emprise de votre orgueil à vouloir vous débrouiller seule pour qu'ensuite vous veniez vous plaindre que vous êtes seule.

Nous vous remercions. Nous serons forts heureux de vous retrouver, et nous vous disons à tout bientôt.
Tous : - Merci !

**Channeling via la Vibration de Marie-Madeleine.
Le 1er février 2015**

L'enseignement d'Emma

Le langage des enseignements n'est pas toujours simple à comprendre, ceci permet alors de rentrer dans une lecture à un autre niveau de soi-même, plutôt que de chercher une compréhension mentale, car ces enseignements ne sont pas destinés au mental, mais au réveil de votre Essence.

Qu'est-ce que l'état de l'essence ?

L'état d'ETRE = l'état dans l'Être

Dans l'état d'être, nous sommes…

Nous sommes avec soi en entier. Nous habitons pleinement nos corps, nos différents plans de conscience.

Nous vivons ce qui est dans l'acceptation de nos apparentes ombres et nos lumières en nous.

Nous sommes dans un centre en accord avec tout ce qui est, tout ce que nous sommes, uni à la Conscience et nous ajustons suivant le plan de conscience dans lequel nous sommes.

Nous sommes PRÉSENTS à ce qui est partout, là où nous sommes, dans le même instant.

Etre présent, c'est être avec soi au milieu de tout ce qui nous entoure. C'est être avec tout ce qui nous entoure et avec soi DIVIN en même temps.

L'état d'être est synonyme de la présence de Dieu…
C'est à dire, être la joie, la sagesse, l'amour, la conscience, la force. C'est sentir et rayonner Dieu en nous.
Être dans cette présence, nous permet de reconnaître et sentir que l'on est amour, que l'on a l'amour en nous.

Être cette partie de Dieu, c'est reconnaître que tous nos actes, toutes nos expériences (soi-disant créées par Dieu) émergent de l'intérieur de nous.
Dans l'état d'être, nous touchons **notre pouvoir de création**. Nous exprimons notre individualité et créons notre vie.

Être créateur nous permet de tout créer. Nous pouvons créer l'amour, créer la joie, créer la sagesse, créer la force… créer l'être, créer Dieu… créer ce cercle merveilleux de vie…

L'être nous amène à ce que certains maîtres nomment : l'illumination.

Nous sommes des êtres divins dans un corps

Nous vous remercions pour l'amour et la lumière que toutes et tous, en chacun de vos êtres portez.

Nous vous invitons à rentrer dans la présence à vous-même, dans l'ici et maintenant, toutes et tous, non dans ce qui sera, non dans ce qui fut, mais dans ce qui est.

Ainsi, qui êtes-vous ? Dans quoi devez-vous être ? Avez-vous pris ce temps, cet espace afin de rencontrer l'être que vous êtes ?

Nous enseignons la lumière en vous, nous enseignons la divinité en vous, mais où est votre lumière, où est ce divin auquel toutes et tous vous aspirez à rencontrer ?

Est-il dans le passé, est-il dans votre futur proche ? Certes oui, il demeure cependant dans l'ici et maintenant aussi.

Cherchez-le en l'autre, certes vous le trouverez. Cherchez-le en vous-même et ainsi vous l'honorerez.

Nous vous aimons et nous vous offrons à chacun, chacune des êtres ici présents, l'accompagnement que chacun, chacune a besoin de recevoir pour lui-même, non pour un autre, mais pour lui-même, pour la guérison et pour l'amour de lui-même.

Votre souffle = Présence de la divinité en vous

Ouvrez-vous à l'expérience de la divinité, ouvrez vos corps, vos cœurs, abandonnez-vous…

Comment faire me direz-vous ?

Inspirez et expirez, observez dans cet inspire et dans cet expire, votre souffle de vie.

Ce simple geste, cette simple action, d'inspirer et d'expirer totalement, sans chercher à changer ce souffle, sans chercher à transcender ce souffle simplement à être avec votre souffle, afin de vivre cette expérience de vous abandonner à votre souffle, afin de libérer les miasmes de votre mental, demandant à comprendre, demandant à encore fonctionner et fonctionner (répété 4 fois), mais simplement vivre votre expérience de cette reliance à la simplicité de votre souffle, une partie du divin en vous-même.

Ainsi, ce divin est si simple que vous oubliez qu'il est divin. Ce divin est si proche de vous et si permanent en vous et si continuel en vous, que vous ne le reconnaissez plus divin.

Le souffle qui est votre, le souffle de votre vie, le souffle sans lequel vous ne pourriez plus être dans ce corps physique.

Si vous mettez en repos le mental, la vie continue en vous. Mais si vous arrêtez votre souffle, certes, votre âme continuera, une partie de vos corps continueront, mais la vie à travers cette incarnation s'arrêtera.

Reconnaissez le divin en vous au travers votre souffle, par ce souffle, au-delà de votre volonté, au-delà de votre mental. Dans cet espace incontrôlable de vous-même dirions-nous, qui est pourtant vous-même, avec vous-même, au rythme de vous-même.

Ceci devient telle une magie et cette magie peut-être divine.

Lorsque vous oubliez l'être divin que vous êtes, reconnectez-vous à votre souffle et rappelez-vous.

Plongez dans ce souffle, dans cette respiration, unique à chacun, unique à chaque instant, unique à chaque seconde, créant l'être que vous êtes, la spécificité que vous êtes.

Ce souffle vous rappelant la vie qui est en vous et la vie, n'est-ce point le divin ?

Ouvrez ce champ de conscience, en la divinité que vous êtes, en la portée fort accessible de votre conscience de reconnaître le divin en vous. En reconnaissant cet espace divin de l'être que vous êtes, vous pourrez ainsi ouvrir davantage l'accès à la confiance des énergies de lumière vous entourant, des énergies de lumière étant vôtre au cœur même de vos cellules, au sein même de vos matrices cellulaires. Ainsi, ce lien de confiance se créant, vos cellules pourront s'ouvrir davantage et davantage à cette nourriture divine, de Lumière et d'Amour qui est vôtre, en tout un chacun de vous-même et tout autour, certes, de vous.

Nous vous invitons à ouvrir un espace de vous-même maintenant, fort douloureux, fort confrontant, fort difficile pour vous, de le vivre maintenant.

Nous invitons à y amener votre champ de conscience, nous y invitons à y amener ce souffle de vie. Respirez ce souffle divin, dans cet espace plus tendu de vous-même et observez le déploiement, le changement de vibration dans le champ énergétique, peut-être le mouvement de vie qui se crée dans cet espace.

Ceci pourrait être fort magique, ou ceci pourrait être fort naturel, ainsi dirions-nous le divin est-il magique ou naturel ?

Le divin est vôtre, ni mystique, ni dangereux, ni douloureux, au sein même de vos structures, se trouve entièrement, totalement cette énergie qui est vôtre.

Vous êtes entièrement invité à reconnaître ce divin tel un ami pour vous, intégrant pleinement vos structures.

Devenant amis, vous devenez entiers. Restez dans cette connexion de ce souffle dans cet espace de vous-mêmes. Laissez nourrir cet espace en demande d'Amour et de Lumière, à travers votre propre souffle.

Rien n'est magique et vous êtes le divin œuvrant sur vous-même.

Augmentez, déployez, jouez avec cette énergie qui est vôtre, devenant le maître de cette énergie. Retrouvez chers êtres, votre propre pouvoir, votre propre énergie ; initiant vos propres guérisons, vos propres transformations, vos propres initiations, vos propres passages de vie ; reconnaissant entièrement la divinité qui est votre, source de Lumière, d'Amour, source de guérison pour vous.

*Ne cherchez plus à l'extérieur,
honorez-là en vous-même.*

Nous sommes des êtres divins

Nous sommes en vous, vous êtes en nous, nous sommes un avec vous.

Nulle différence entre vous et nous, nous et vous, aucune différence. Certes des plans de conscience différents certes.
Dans la quintessence de l'énergie, nous sommes, vous êtes qui nous sommes, nous sommes qui vous êtes, dans l'unité de ce qui est, dans la transcendance des énergies d'Amour et de Lumière, vous êtes ces êtres de Lumière, d'Amour, venant toutes et tous un chacun, œuvrer pour l'Amour qui est vôtre, pour l'entraide, la guérison, l'unité, les réparations des cœurs.

Ainsi, bien au-delà de ce que vous imaginez de vous-mêmes, vous œuvrez.

Bien au-delà de vos souffrances que vous croyez être, bien au-delà de vos multiples interrogations sur vos schémas de vie, bien au-delà des espaces où fort certains par moments vous êtes perdus, bien au-delà de cela, vous œuvrez grandement au sein de cette humanité, à travers qui vous êtes, à travers vos actions, à travers vos révoltes, à travers vos incarnations, à travers vos positionnements.

*Honorez cela en chacun de vous,
honorez les êtres que vous êtes,
d'Amour et de Lumière.*

Pourquoi est-ce si difficile de reconnaître cette grandeur en vous-mêmes ? Est-ce plus orgueilleux de ne point reconnaître qui vous êtes ?

Nous vous remercions d'accepter de vous reconnaître, dans cette acceptation de qui vous êtes, toutes et tous, vous pouvez prendre au sein de votre humanité, votre place et ainsi, quitter des schémas de jalousie, d'envie, de jugement, de toiserie, de moquerie.

Chacune, chacun peut prendre sa place, ne cherchant plus à prendre la place de quelqu'un d'autre, n'ayant plus la crainte qu'on vienne prendre sa propre place, tous unis, les uns à côté des autres, guidés dans ce qui est fort spécifique pour chacun et chacune.

Nous vous remercions d'œuvrer au sein de cette humanité. Nous vous remercions, d'œuvrer auprès de vous, afin de pouvoir transformer ce qui peut être transformé, afin d'aider ce qui peut être aidé à retrouver grandement le potentiel de ce qui est, afin de laisser émaner le potentiel de ce qui est.

Nous vous invitons à reconnaître les êtres divins que vous êtes et de cesser, par choix, par peur, par orgueil, de vous diminuer, préférant rester dans des schémas de jalousie, d'envie, de râlerie et de ne point assumer l'être que vous êtes de Lumière et d'Amour.

En cette période de fête religieuse au sein de cette humanité, par cet être christique, rappelez-vous cet être de Lumière, venu au sein de vous tous ici présents, vous rappeler la grandeur de qui vous êtes et nous vous en remercions de prendre responsabilité et d'assumer pleinement votre place, au sein de votre humanité. Laissez l'être que vous êtes, grandir en maturité et de faites ce choix conscient de quitter l'enfant, afin de nourrir l'adulte en vous.

Recevez toutes et tous notre profonde gratitude, reconnaissance, pour cette écoute de l'enseignement, pour l'acceptation de ce qui est, pour le courage à ne plus vouloir, à décider de cesser des comportements enfantins, puérils, amenant maintes guerres et victoires sans fin.

Nous vous remercions de reconnaître en vous tous ce cœur d'Amour et de Lumière, ce cœur ayant un fort pouvoir spécifique de rayonner, de guérir, de transformer, de transmuter ce qui est, ce qui fut, ce qui sera et de vous rappeler d'honorer le pouvoir divin qui est vôtre, au sein même du cœur de votre humanité, au sein même de chacun de vous cœurs.

Soins offerts par la Lumière

Chères âmes, chers êtres de Lumière, puissiez ce soir repartir, avec la gratitude et la conviction de la justesse de votre chemin dans l'évolution de l'être que vous êtes, de retrouver cette verticalité au sein même où vous serez nourri de votre propre canal de Lumière.

Nous augmentons les énergies recevez, recevez dans la douceur de ce qui est, recevez, recevez tel un dôme de lumière sur vous, vous permettant de consolider force, courage, santé, dans votre œuvre au sein de qui vous êtes, au sein même de cette terre.

Recevez cette régénérescence de vos cellules, de vos organes, de votre canal, afin que chacune et chacun puisse poursuivre dans son œuvre avec la certitude de la justesse, auprès de votre cœur, auprès de votre Mère-Terre, Mère de votre humanité, Mère de votre divinité, au sein même de vos cellules.

Recevez cette énergie d'Amour et de Lumière pour vous tous, incluez, chers êtres, dans vos cœurs les êtres qui vous sont chers, afin que ces êtres puissent eux aussi recevoir et bénéficier, au travers du cœur, l'énergie d'Amour et de Lumière et nous vous en remercions, qu'à travers vos cœurs, la transmission de la Lumière d'Amour puisse s'ensemencer au sein de votre terre.

Encouragez, bénéficiez de l'Amour, augmentez les actes d'Amour, les actes de lumière en chacun de vous, pour vous-même et pour les autres.

Prendre soin du corps

Offrez-vous, chaque jour un acte d'Amour, sur vous, pour vous, pour l'être que vous êtes, pour l'essence même que vous

êtes, afin d'honorer la divinité en vous, chaque jour, un instant, un geste, un sourire, une parole, venant nourrir, reconnaître la divinité en vous et nous vous en remercions, de prendre soin de votre, afin qu'à travers celui-ci, nous puissions œuvrer, pour vous et autour de vous.

Nous vous remercions de préserver votre corps, temple de nos énergies, maison même où nous-mêmes nous pouvons venir œuvrer, s'incorporer se transformer, se transcender.

Remerciements de la Vibration

Nous remercions grandement ce soir les êtres, dans la bonté de leur cœur, dans les actions mêmes, œuvrant autour d'eux, dans la bonté et dans leur sincérité, dans la gratuité de leur acte, de leur sourire de leurs pensées, dans la simplicité, dans le naturel, ainsi dans le divin à travers cela.

Nous honorons ce soir, les êtres courageux ici présents, de maintenir, totalement l'engagement auprès de la Lumière et d'œuvrer, malgré par moments, de fortes contraintes ou difficultés que la personnalité peut rencontrer à ne point se désengager, à ne point abandonner leur voie, de suivre leur propre lumière et de contribuer à transformer les énergies de la terre.

Régénérez-vous de ces énergies d'Amour et de Lumière, car toutes et tous, en avez besoin, mais ceci est notre cadeau pour vous remercier de qui vous êtes, de l'Amour en chacun de vous.

Portez-vous l'estime, juste à vous-même, cessez de vous dévaloriser, de vous diminuer, de ne point croire que vous aussi, vous pouvez être lueur de Vie, Lumière d'espoir.

Augmentez votre sourire intérieur. Cessez de vous voir seulement comme des outils au service de… mais reconnaissez-vous Lumière, êtres d'Amour, de Vie, de partage, êtres de régénérescence, de rayonnement, venant naturellement, par la quintessence et l'émanation de votre essence, permettre à l'autre de poursuivre sa voie, son chemin, bien au-delà pour certains vos actes et nous vous remercions, nous vous remercions toutes et tous de nous permettre de nous manifester auprès de vous, par les rencontres possibles, par les confiances.

Nous vous aimons et nous vous aiderons dans vos problématiques. Sollicitez entièrement notre aide et nous en serons fort présents.

Nous vous remercions.

Que l'énergie se poursuive après cette rencontre, endormez-vous auprès de votre cœur, avec cette énergie d'Amour que vous portez et qui fut et qui est telle une régénérescence cellulaire à vos cœurs.

Nous vous aimons et nous vous disons à très bientôt, à tout de suite, car nous demeurons, bien au-delà de ce que vous pouvez imaginer.

Nous vous remercions et nous scellons.

Channeling via la Vibration de Marie-Madeleine,
Le 26.03.2013

L'enseignement d'Emma

Nous sommes des êtres divins dans un corps humain.
Prendre conscience de notre spiritualité, et la vivre intérieurement offre un possible de guérisons magnifiques et joyeuses.

Nous sommes spirituels avant d'être humains. Or nous oublions nos origines. La conséquence de cela ne serait-ce pas la souffrance ?

La lumière nous parle et nous écoute à tout moment : nous portons tous en nous

« Connais-toi, toi-même et tu connaîtras l'Univers et les Cieux »

Je vous invite à vivre cette prière :

**« Nous sommes lumière
La lumière est en nous
La lumière passe à travers nous
La lumière nous entoure
La lumière nous guide et nous protège
La lumière nous guérit
La lumière nous purifie
La lumière nous transforme**

La lumière nous aime
Nous sommes lumière »

Accompagnement à se centrer

Se centrer

Nous sommes arrivés, nous sommes arrivés, nous sommes arrivés. Sentez, sentez, sentez, sentez chères âmes, que chaque personne ici présente ainsi que chaque personne connectée à cette vibration de cette méditation de ce soir a une forte présence à ses côtés.

Non point de ressentir ou de visualiser avec votre tête, non point de chercher, mais dans la certitude de cette connexion en vous, à l'intérieur de vous.

Cessez la tête, ouvrez-vous davantage à ce centre en vous, à cette unité en vous, à l'intérieur de vous. Cette unité pouvant vous apporter maintes guidances, maints messages par votre intuition. Rentrez dans cette reliance en vous, au cœur de vous-même.

L'éveil à l'intuition

Osez maintenant commencer le langage et la communication intuitive. Nous entrons, nous demeurons dans une ère de régénérescence, de restructuration, une ère invitant : authenticité, amour et lumière dans vos actes quotidiens.

Nous invitons à vous connecter chaque jour davantage à cet espace intuitif en vous.

Ceci, nous insistons, reste une invitation à un nouveau possible de communication maintenant. Un possible de communication beaucoup plus rapide, beaucoup plus efficace, beaucoup plus directe.

Regardez en vous, autour de vous, qu'est-ce qui ne demeure pas clair pour vous ?

Connectez-vous à cet espace intuitif en vous et posez cette même question.

Quelle réponse vient à vous ?

Osez le faire maintenant.

Quelle réponse vient à vous ?

Non point avec la tête, non point cela, cet espace vibratoire au fond de vous, cet espace vous amenant sur une voie d'amour et d'authenticité. Cet espace de douceur en vous. Peut-être n'aurez-vous pas la réponse immédiate, cependant, ceci est une invitation à une nouvelle manière de communiquer.

Sachez que vous ne repartirez point forcément ce soir en sachant communiquer de cette manière, mais nous donnons les bases, nous informons les bases.

La base étant d'avoir conscience de ce champ vibratoire en vous et de vous y connecter

Sachez chères âmes aussi qu'un guide est fort présent à vos côtés en ce moment, vous permettant d'initier ce passage vibratoire.

Nous vous remercions dans la confiance et la foi que vous nous faites.

Nous vous remercions dans les invitations que vous nous offrez.

Nous vous aimons et ceci est fort important que vous le sachiez, que vous nous le disions, afin de rassurer maintes et maintes cellules de doute en vous, de ne point être aimé. Nous vous aimons et nous vous respectons.

Le constat que la Lumière existe

La puissance pouvant émaner des énergies peut certes vous faire peur et vous ramener à des mémoires de peur d'être abusé par le plus fort que vous. Ainsi, nous vous demandons de ne point nous comparer à des êtres humains plus puissants que vous. Nous ne venons pas tous proche de vous pour prendre un pouvoir.

Nous sommes tels des frères d'amour à désirer vous accompagner vous inviter, vous aider, vous accueillir dans plus de paix, d'amour et de lumière en vous.

Nous vous invitons à retrouver la source originelle en vous, afin que vous puissiez quitter les maintes et maintes et maintes blessures de séparation.

Nous sommes ici pour vous accompagner dans votre chemin d'évolution, de retrouvailles avec vous-mêmes.

Nous vous rappelons la loi de libre arbitre en vous, ce choix, ce possible de dire oui ou de dire non.

Nous vous rappelons qu'il n'y aura point envahissement en vous si vous n'y autorisez pas.

Nous vous rappelons votre conscience.

Ainsi si vous ne désirez point nous suivre, vous avez le fort pouvoir de rentrer dans le déni, dans le reniement, dans l'aveuglement, dans le non-vouloir, etc., etc., etc. Vous avez développé maints possibles pour nous fermer la porte et nous y respectons.

La lumière peut se retrouver par votre pouvoir de décision, par l'amour que vous vous portez, par l'amour à plus d'unité à vous-même, par le choix des retrouvailles avec vous-même.

Ainsi, ce qui est dit n'est point avec votre tête à le comprendre, mais à faire vibrer au plus profond de vous.

Que ressentez-vous maintenant ?

Observez l'état intérieur, observez si votre corps reçoit, émane des troubles des émois, des dérangements ou si votre corps se pose, a envie de s'ouvrir.

Observez le bassin de lumière dans lequel vous êtes maintenant.

Que ressentez-vous ? Quelle vibration ressentez-vous pouvoir vous habiter ?

Observez le champ énergétique. Sentez-vous une quelconque tension dans ce champ énergétique ? Sentez-vous un quelconque blocage, un quelconque miasme d'impureté ? Sentez-vous l'amour inconditionnel ? Sentez-vous que la lumière veut simplement vous baigner, vous offrir, vous donner, simplement que nous sommes à votre service, nulle peur de la domination de la puissance ? Nous sommes à votre service, car vous êtes porteur du divin en vous.

Ceci peut être fort dérangeant pour la personnalité d'entendre cela. Ceci peut éveiller :

- Pour qui nous prenez-vous ?
- Je ne suis point ça, je ne veux pas être ça, moi qui ai tant rejeté la lumière ou Dieu, je ne veux point faire partir de cela.

Observez ce que cela peut éveiller en vous lorsque nous vous parlons du Dieu. Comment accueillez-vous cela dans votre cœur, entre un :

- Oui je sais
- Ah non, certainement pas !

Pouvez-vous l'accueillir simplement, humblement, facilement ?

Ainsi, nous ne vous demandons point non plus ce soir de l'accueillir simplement, mais de vous inviter à prendre conscience qu'il existe bel et bien en vous. Ceci est étincelle divine en vous.

Nous ne pouvons point être chassés de vous. Et ceci est un choix, une appartenance, de choisir de retrouver de vous connecter, de vivre avec cette étincelle divine en vous, ou de perpétuer les séparations avec vous-même.

Nul besoin de chercher dans vos extérieurs, en vous, en vous, la source universelle est en vous.

Dans cet espace, votre amour peut pleinement se régénérer, se ressourcer, entendre les réponses justes pour elles.

Méditation de ressourcement

Dans cet état vibratoire, posez-vous et déposez-y vos questions, vos inquiétudes, donnez ce qui est là pour vous.

Écoutez la réponse s'ajuster :
– aux fréquences d'amour et de lumière
– aux fréquences de paix et de compassion
– aux fréquences de la source
– aux fréquences de votre âme, de votre essence
– au bassin d'unité ici présent
– à nos vibrations
– à ressentir que nous sommes tous unis, que nous sommes tous un prolongement
– à ressentir qu'il n'y a point de différence, de séparation, mais une continuité.

Ressentez cela.

Ce que vous voyez n'est qu'une continuité de vous-même, que votre regard est votre manière de vous voir.

Ressentez ce bassin d'amour dans lequel nous baignons tous et toutes. Nourrissez-vous, ressourcez-vous, lâchez, abandonnez-vous, lâchez tout ce qui vous encombre.

N'ayez point peur de salir tout ce bassin, lâchez tout ce que vous portez chères âmes, lâchez.

Lâchez pour quelques instants, lâchez et retrouvez l'innocence de la pureté en vous, la joie d'être en vous, le rire et le rayonnement en vous. Ce droit d'être simplement qui vous êtes.

Laissez ce bassin d'énergie monter dans tout votre corps, afin que chaque cellule reçoive cette fréquence d'amour et de lumière, d'unité, de réconciliation, de simplicité.

Quelles que soient les pensées pouvant revenir, laissez-les partir, ce sont de simples pensées désirant guérir. Laissez-les sortir de vous, afin que d'autres formes pensées puissent venir en vous.

Laissez la présence de votre guide, si telle est votre envie vous accompagner là-dedans.

Abandonnez-vous,
Laissez-vous faire,
Osez la confiance en l'énergie,
Laissez-vous faire, abandonnez-vous, retrouvez l'innocence de l'enfant, la simplicité.

Écoutez les rires des enfants dans ce bassin vibratoire. Regardez-vous tels des enfants purs d'amour, acceptant l'autre tel qu'il est, riant avec l'autre, aidant l'autre, en toute sécurité, sans avoir peur d'être blessé, sans avoir envie de dominer ou de jalouser, simplement, dans l'écoute spontanée des gestes, des mots, en totale confiance avec la lumière divine.

Laissez-vous rencontrer cet être de lumière en vous. Laissez-vous vous rencontrer, retrouvez votre enfant de lumière, retrouvez l'essence de lumière en vous, l'être de lumière en vous.

Nous invitons simplement à avancer en conscience, en foi, en confiance en amour plus juste, en respect, de soi, des vibrations, à se mettre au rythme des énergies afin que le corps puisse rester dans ce bain de régénérescence.

Remerciements et Amour de la Lumière

Nous vous remercions, nous honorons l'amour que nous ressentons dans votre cœur, nous recevons votre amour, nous vous en remercions, nous vous remercions de l'engagement, de la foi et de la confiance que vous nous portez.

Nous sommes fort touchés par votre dévouement. Nous honorons votre dévotion et votre engagement. Vous êtes certes fort accompagnées chères âmes, fort accompagnées. Nous vous aimons.

Recevez tout cet amour recevez-le, nourrissez toutes vos cellules de cet amour. Profitez, abreuvez-vous, saoulez-vous de cet amour, riez de cet amour, giclez cet amour, buvez cet amour, nagez dans cet amour, dansez dans cet amour, riez, criez cet amour, laissez-le jaillir de tout votre corps et dans tout votre corps.

Prenez cet instant de cesser la lutte, prenez cet instant de sentir l'unité, de ne plus sentir la séparation, de ressentir la simplicité, la facilité, l'amour, la fraternité, l'unité, la simplicité, goûtez à la simplicité à la fluidité, abandonnez-vous à la sécurité, lâchez les protections.

Nous vous aimons, nous vous aimons, nous vous aimons, nous vous aimons et nous vous accompagnerons.

Recevez l'amour.

Nous vous remercions et nous demeurons auprès de vous. Nous ne vous disons pas au revoir, nous vous disons nous sommes là et nous demeurons.

**Channeling vie la Vibration de Marie-Madeleine.
Le 20 décembre 2012**

L'enseignement d'Emma

Je te propose une méditation d'enracinement.

Installe-toi confortablement et ferme les yeux...

Entoure-toi d'une sphère de lumière tout autour de toi.

Inspire par le nez, expire par la bouche...
Inspire par le nez, expire par la bouche...

Porte ton attention sur l'ancrage des racines de tes pieds jusqu'au cœur de la terre mère....

Inspire par le nez, expire par la bouche...

Ouvre ton chakra coronal afin de te relier par tes racines célestes à l'énergie cosmique...

Inspire par le nez, expire par la bouche...

Plonge maintenant dans ton premier chakra au niveau du périnée. Porte toute l'attention, tout le relâchement, toute la conscience nécessaire à la libération de cette zone...

Inspire par le nez, expire par la bouche...

Desserre le périnée... Fais monter l'énergie de la terre mère, à travers tes pieds jusqu'au périnée.

Tu peux sentir une énergie dans toutes tes jambes, peut-être y visualises-tu une couleur...

Inspire par le nez, expire par la bouche...
Peut-être y respires-tu une odeur...

Inspire par le nez, expire par la bouche... peut-être y entends-tu un son, une musique...

Inspire par le nez, expire par la bouche... peut-être y dégustes-tu un goût, un arôme....

Inspire par le nez, expire par la bouche...

Cette énergie va au cœur du cœur du cœur de ton premier chakra...

Inspire par le nez, expire par la bouche...

Laisse découvrir, à la source de ton premier chakra, les vibrations qu'il y a...

Pose maintenant ton attention dans le plexus, et, de la même manière, pénètre au cœur du cœur du cœur de ton plexus, va observer les vibrations que tu ressens...

Au plus profond de ton plexus que rencontres-tu ? Que vois-tu ? Que respires-tu ? Qu'entends-tu ? Que ressens-tu ? Que goûtes-tu ? ...

Va respirer davantage dans l'énergie que tu contactes...
Tu peux mettre en reliance cette énergie dans ton périnée et cette énergie dans ton plexus afin de traverser la matrice du hara.
Ressens ton corps se détendre...
Rentre dans un lâcher-prise, lâcher les tensions. Tu es en toute sécurité, tu peux pleinement t'abandonner à cette source en toi...

Demeure dans ton hara, au cœur du cœur du cœur de cette espace : tu peux y trouver un espace sacré, sain, et vibratoirement très en amour.

Demeure et savoure, demeure et régénère-toi, demeure et détends-toi, demeure et souris...

Tu vas maintenant porter ton attention au cœur du cœur du cœur de ton chakra du cœur....

Tu inspires par le nez, tu expires par la bouche...

Et, tel un vaisseau pointant sa direction, tu te diriges au cœur de ce chakra... Peut-être y retrouves-tu les mêmes ressentis que dans le chakra rencontré tout à l'heure, peut-être découvres-y tu d'autres sensations....

Inspire par le nez, expire par la bouche......

Respire et ressens... respire et vois... respire et entend... respire et goutte... respire et rencontre-toi...

Tu relies ton cœur au chakra coronal et aux racines célestes...

Nous allons maintenant appeler les énergies cosmiques afin de vitaliser, harmoniser, protéger, et illuminer tes corps éthérique, mental, physique...

« Nous appelons et nous choisissons l'énergie d'amour et de lumière présente sur cette planète, nous appelons et nous honorons cette énergie et nous acceptons notre reliance à elle... que cette pluie de lumière se déverse sur nous... »

Ressens cette présence subtile autour de toi... Peut-être se manifeste-t-elle par des picotements, des ouvertures dans ton corps physique, des prises de conscience, des états émotionnels modifiés, des odeurs différentes, une ambiance changée.

Reconnais-toi en reliance dans ta verticalité : conscience-cœur-hara-base/Ciel et Terre.

Joue avec tes différents mondes intérieurs et crée des connexions entre eux.

Voyage de ton centre coronal au hara ou de ton cœur à ta base et prends le temps de respirer amplement.

Lorsque tu te sens suffisamment connecté, reviens à ton rythme ici et maintenant.
Prends le temps d'ouvrir les yeux, de t'étirer…

Bonne, lumineuse et douce journée.

Namasté.

Notre pouvoir de guérison

Nous vous saluons. Nous sommes toujours fort heureux de nous manifester auprès de vous. Nous sommes fort heureux de vous retrouver, de pouvoir vous accompagner.

Centrage : méditation des pieds

Pour l'enseignement de cette soirée, nous vous invitons à poursuivre dans votre enracinement. Prenez ce temps de vous reliez à votre Sainte Terre Mère.

Prenez le temps de sentir ce que vous appelez vos pieds, prenez le temps de ressentir les orteils, prenez le temps de ressentir vos ongles. Combien de personnes ressentent leurs ongles ? Prenez le temps de rentrer dans le ressenti de vos ongles.

Ceci vous demande une concentration, ceci vous demande une sensibilité, ceci vous demande une diffusion et une circulation de votre énergie. Ceci demande que votre énergie, qui est concentrée au niveau de la tête, vienne au niveau des pieds.

Prenez le temps de ressentir les talons et de méditer sur vos pieds.

Qu'est-ce que cela vous fait de méditer sur vos pieds ? Est-ce qu'il est intéressant de regarder ce qui se passe dans vos pieds ou est-ce que ceci amène l'ennui ? Préférez-vous retourner dans la tête où il se passe plus de choses et où vous avez la sensation de moins vous ennuyer ?

Alors, nous vous invitons ce soir à vous ennuyer : venez dans vos pieds !

Venez prendre cet espace que peut-être vous ne connaissez pas.

Quelle est la vie de vos pieds ?

Que ressentez-vous dans vos pieds ?

Pourriez-vous dire si votre circulation va des talons aux orteils ou des orteils aux talons ?

Ainsi, nous pourrions prendre le temps au niveau de tout votre corps. Cela pourrait même devenir un jeu pour vous. Venez habiter et vous intéresser à d'autres espaces de vous même que celui de votre tête.

Maintenant que vous avez passé un certain espace-temps au niveau de vos pieds, ressentez-vous ou visualisez-vous vos pieds de la même manière qu'avant ? Peut-être avez-vous la sensation qu'ils ont grandi, peut-être vous sentez vous davantage enracinés ? Peut-être sentez-vous aussi que ce temps pris pour vos pieds vient fondamentalement changer l'énergie dans l'entièreté de votre corps.

L'énergie que vous venez de déposer à vos pieds est une énergie qui est moins concentrée au niveau de votre tête. Ainsi, vous permettez à votre tête de venir s'aérer, car lorsque vous concentrez toute l'énergie dans votre tête, ceci vient encombrer la tête.

Et que se passe-t-il dans les encombrements ?

Observez quand vous êtes sur vos autoroutes, observez lorsqu'il y a bouchon, lorsqu'il y a encombrement, lorsque vous arrivez dans des files d'attente. Venez observer combien l'énergie vient se concentrer. Observer si vous arrivez avec le sourire ou si une autre énergie à l'intérieur de vous vient râler et râler et râler et râler et râler.

Ceci est le même fonctionnement au niveau de votre tête lorsque vous venez encombrer l'énergie dans votre tête. Lorsque vous revenez donner de l'énergie à d'autres parties de votre corps, votre permettez ainsi à l'espace de votre tête de venir se désencombrer.

Observez lorsque les bouchons sur vos autoroutes se dispersent, combien à nouveau un ah ! À l'intérieur de vous se manifeste ! À nouveau, vous retrouvez le sourire, vous retrouvez une envie de circuler, n'est-ce point ? Observez que ce fonctionnement est le même à l'intérieur de vous.

La quantité énergétique

Vous avez tous et toutes, une quantité d'énergie qui ne peut point être diminuée ou être augmentée dans sa quantité.

Nous prenons l'exemple plus manifeste dans votre corps physique de votre sang. Vous avez une certaine quantité de sang. Ce sang ne peut point être augmenté ou ne peut point être diminué au risque de venir créer un déséquilibre à l'intérieur de vous.

Ainsi, il en est de même pour votre dose énergétique. Si vous venez concentrer votre dose à un espace de votre corps, en conséquence, d'autres espaces de votre corps vont acquérir un déséquilibre, un manque, car votre dose énergétique doit circuler partout dans l'entièreté de votre corps et de votre véhicule de lumière.

Revenez à cet exemple de votre sang. Si tout votre sang vous monte à la tête dans la colère et que vous devenez rouge et rouge et rouge et rouge et rouge de sang au niveau de votre tête, prêt à sortir de vos oreilles, observez combien le reste du corps vient en déséquilibre.

Lorsqu'il y a trop, ne cherchez point à enlever le trop, chercher à revenir diffuser l'énergie, car il n'y a pas trop, il y a concentration, il y a condensation, il y a densité.
Cette densité demande à venir être fluidifiée, à venir être « recirculisée », refluidifiée.
Transformez l'énergie, ne l'ôtez pas, ceci est impossible.

Ainsi, il en est de même pour ceux qui connaissent le principe de l'eau et de la dynamique de l'eau. Il en est de même pour les énergies qui circulent au sein même de votre corps.

Le mouvement dans vos corps : la refluidification

Le mouvement peut être guérisseur pour qui vous êtes, mouvement dans votre physique, mouvement dans votre corps émotionnel, mouvement dans votre corps mental, mouvement dans votre corps astral, mouvement dans votre corps éthérique, mouvement dans vos autres corps subastraux, etc. Lorsque vous venez mettre en mouvement un seul corps, vous venez stimuler tous vos autres corps.

Voilà pourquoi l'intérêt de venir libérer des émotions, pour refluidifier des énergies dans le corps émotionnel et en refluidifiant l'énergie dans le corps émotionnel, vous venez à nouveau refluidifier l'énergie dans tous vos corps.

Pourquoi se mettre en mouvement physique : pour refluidifier l'énergie dans vos corps.

Pourquoi se mettre en mouvement dans votre corps mental, ouvrir votre champ de conscience : pour venir refluidifier l'entièreté de vos autres corps.

Pourquoi venir mettre en mouvement votre corps éthérique par un soin énergétique : pour venir refluidifier l'énergie dans l'entièreté de vos corps.

Vous avez de multiples portes d'accès pour venir bouger l'énergie à l'intérieur de vous, pouvoir venir la refluidifier et ainsi avoir une meilleure santé.

Lorsque vous venez refluidifier l'énergie, observez ce qu'il se passe : reprenez l'exemple de vous-même en train de conduire quand y a un bouchon. Le bouchon vient provoquer à l'intérieur de vous une concentration, la manifestation extérieure vient vous influencer dans votre manifestation intérieure, de vous bouchonner, dirions-nous. Et lorsque vous êtes bouchonné, pouvez-vous recevoir à nouveau ? Observez.

Lorsque vous êtes bouchonné, aucune énergie ne peut à nouveau venir vous toucher, n'est-ce point ? Et votre énergie intérieure ne circule plus non plus, n'est ce point ?

Ainsi, lorsque vous vous permettez de vous remettre en mouvement, vous vous permettez à nouveau cette fluidité.

Observez cet automobiliste qui lorsqu'il se remet à circuler avec la voiture est à nouveau dans une décontraction, une relaxation, un sourire et continue sa route. Il est à nouveau dans un mode de réceptivité d'accueillir ce qui est autour de lui.

Ainsi, lorsque vous remettez en mouvement votre énergie, vous venez aussi naturellement remettre en mouvement votre réceptivité.

Vous pouvez accueillir les mouvements de la vie extérieure, les mouvements de la lumière extérieure et les mouvements de la lumière intérieure à vous.

Ainsi la clé n'est point à l'extérieur de vous-même, la clé est en vous.

La lumière est tout autour de vous, mais si vous restez bouchonné, la lumière ne vous pénétrera point. Déverrouillez le bouchon, fluidifiez l'énergie. Venez simplement par la respiration et le mouvement remettre l'énergie en circulation.

Vous avez de multiples manières de remettre l'énergie en circulation.

Si vous avez de la difficulté à mettre l'énergie en circulation dans votre corps physique, venez mettre d'abord l'énergie en circulation dans votre corps émotionnel.
Si dans votre corps émotionnel vous êtes grandement bouchonnés à ne pas pouvoir ouvrir vos émotions, faites bouger votre corps physique.
Si les corps physique et émotionnel sont bouchonnés, venez agir sur votre corps mental, dans l'ouverture de la conscience de votre corps mental, par la lecture, par le choix de vous ouvrir à d'autres croyances que celles que vous avez déjà, par l'ouverture de multiples champs énergétiques qui existent aujourd'hui, de visualisation, de pensées positives, de tout ce qui vient ouvrir la conscience du champ mental, etc.
Venez refluidifier et nettoyer le corps éthérique par des purifications. Venez vous purifier par des encens, venez vous purifier par la lumière d'une bougie, venez purifier le corps physique par un bain, par une douche.

Venez remettre la circulation avec les choses très simples de votre quotidien, qui sont vos outils de guérison. Vous ne voyez plus qu'ils sont outils de guérison. Vous en oubliez même qu'ils portent la vibration divine. Et vous utilisez par moment ces outils automatiquement, sans aucune sensibilité, conscience ou reconnaissance que vous avez le divin dans vos mains à ce moment-ci.

Votre respiration vous guérit.
Recevoir de l'eau sur votre corps, vous guéri.
Faire des pas, remet la guérison en vous.

> *La guérison est en vous à portée de vos doigts, à portée de votre cœur, à portée de votre corps et dans vos pieds.*

La guérison est dans la simplicité de qui vous êtes.

Vous n'avez nul besoin d'aller consulter telle et telle personne pour vous sauver, si vous ne remettez pas d'abord en mouvement la circulation à l'intérieur de vous.

Car si nous reprenons l'exemple que vous êtes coincés et que dans ces moments-là, il ne peut y avoir de réceptivité, si vous allez chez un être et que vous demeurez dans cette stratégie à l'intérieur de vous de demeurer dans « je reste coincé, je reste coincé, je reste coincé », personne ne pourra venir vous décoincé, hormis vous-même.

> *Nous le répétons, nous le rappelons, la lumière n'est point un miracle. Nous ne faisons point de miracle. Nous accompagnons. Vous êtes grandement libres et nous ne revenons point ce soir sur l'enseignement du libre arbitre.*

Nous vous accompagnons dans les guérisons lorsque vous prenez votre part à la guérison. Toute personne que vous pourrez aller rencontrer viendra vous accompagner dans la guérison, lorsque vous prenez part à votre guérison.

Les guérisons énergétiques

Prenez conscience que dans vos guérisons énergétiques, de multiples êtres ne prennent pas part à leur guérison et ceci peut venir contribuer à créer davantage de blocages qu'une libération.

1) Pour certains êtres de votre planète en cours, dans le champ vibratoire auquel ils vibrent, ces êtres veulent sortir d'un problème et ces êtres veulent un miracle « tout, tout de suite ».

Ces êtres ont entendu parler d'un être qui fait très bien ça, certes, et ces êtres vont prendre rendez-vous avec cet être, certes, et ces êtres arrivent sur la table de cet être, certes, et ces êtres attendent que l'autre fasse, certes. Pensez-vous qu'il y aura guérison ?

La guérison passe à travers vous, par vous.

Nous répétons, la guérison passe à travers vous, par vous.

L'être venant vous accompagner dans une guérison, vient stimuler et solliciter une énergie en vous qui a grandement besoin de votre autorisation pour se permettre d'être à nouveau en circulation à l'intérieur de vous.

Cet être peut venir vous aider à refluidifier cette énergie, mais si le soir même du soin vous décidez à nouveau de fermer la porte ?

Ce n'est point l'être qui vous aura accompagné qui aura selon vos langages de la troisième dimension mal fait son boulot.

Prenez la responsabilité que la guérison passe et est avec vous.

2) Observez aussi une autre forme de guérison énergétique se passant actuellement au sein même de vos structures.

Vous allez à nouveau chez cet être et vous êtes dans le oui à la guérison. Vous vous mettez à nouveau sur cette table, dans un oui de guérison et la guérison s'opère. Or guérison s'opère et là, à nouveau, vous avez votre vraie part de responsabilité, cher être.

Si la guérison s'opère, le changement s'opère. Et si le changement s'opère, il y a grandement un changement dans votre corps physique, grandement changement dans votre corps énergétique, grandement changement dans votre corps émotionnel, grandement changement dans votre corps mental, etc.

Nous nous vous demandons de revenir à votre part de responsabilité.

S'il y a changement dans vos structures, car guérison, vous ne pouvez plus certes après continuer à relationner comme avant le soin énergétique. Vous ne pouvez plus continuer à être dans votre corps comme avant le soin énergétique. Vous ne pouvez plus penser comme avant le soin énergétique. Vous ne pouvez plus être dans les mêmes émotions qu'avant le soin énergétique.
Certains êtres s'ouvrent à une guérison et après ils ne peuvent prendre la responsabilité des changements qui arrivent dans leur vie, en venant accuser que c'est la catastrophe depuis qu'ils sont allés voir cette personne.

Cette catastrophe est leur guérison.

À chaque moment de votre vie, il n'y a point de miracle. À chaque moment de votre vie s'opère en vous la guérison par le fait même que vous êtes dans un oui à la guérison, par le fait même que vous êtes dans votre part de responsabilité à vous guérir. À tout moment, cher être, vous pouvez redire non aux guérisons et refermer.

Ainsi, n'est-ce point merveilleux de savoir que vous êtes responsable de vous-même et de vos guérisons et n'est-ce point merveilleux qu'aucun être ne puisse vous faire du mal ?

Vous êtes à nouveau, nous le répétons, dans ce choix du oui et du non. À tout moment, ce choix de guérir peut être dans le non, et à nouveau dans le oui, puis à nouveau refermé dans le non, et à nouveau dans le oui, etc. suivant de qui est juste pour l'évolution de qui vous êtes et suivant ce qui est juste dans votre capacité à recevoir la guérison totale. Nous vous remercions. Nous ouvrons un champ de parole si ceci vous est utile et s'il y a questions.

P : **« Que veut dire fluidifier le corps mental ?**

MM : - Venir prendre davantage le temps de méditation dans le silence, davantage prendre des temps où vous fixez votre conscience dans vos pieds. Méditer 10 heures par jour dans vos pieds. Nous savons que vous ne pouvez point juger que votre corps mental est bête.

Lorsque vous dites que vous êtes bête, vous êtes au bon endroit. Devenez bête. Faites une marche à regarder vos pieds bêtement, sans penser, ou vous dire je suis bête, je suis bête, je suis bête, je suis bête et méditer sur "je suis bête". Devenez bête et cela viendra grandement fluidifier, aider, soulager, libérer et mettre au repos votre corps mental. Êtes-vous d'accord ?

F : - Oui

MM : - Nous vous remercions. »

Nous vous remercions. Nous nous réjouissons de vous voir bête. Prenez 5 minutes à être bête chaque jour de votre vie. Nous vous remercions.

Remerciements de la Vibration

Nous vous remercions ce soir toutes et tous de votre présence. Nous vous remercions grandement et nous aurons joie à continuer à vous accueillir et à vous accompagner.

Et que ceci vienne réveiller en vous, l'être que vous êtes, autonome, l'être de lumière et guérisseur que vous portez en chacun de vous et vous reconnaître dans votre processus d'évolution, dans votre processus de libération, dans votre processus de transcendance, dans votre processus de guérison, dans votre processus au retour à l'unité à l'Amour, au Divin de qui vous êtes. Nous vous remercions.

Channeling via la Vibration de Marie-Madeleine.
Le 16 octobre 2013

L'enseignement d'Emma

Après la lecture de cet enseignement, vous êtes invité à fermer le livre et à prendre une bonne tisane chaude, tranquillement, en pleine conscience de l'infusion de cette plante, de la fumée odorante qu'elle émet, du goût de la tisane dans votre bouche, pas trop chaude, mais tiède, et de la présence de la beauté divine dans ces gestes…

Puis offrez-vous une ballade, respirez pleinement le souffle de la vie.

Demeurez ensuite quelques minutes en silence dans l'herbe ou sur une chaise… à être présent à ce qui est… et à vos pieds !

L'enseignement d'Emma

Le potentiel de l'éveil de conscience

Nous sommes arrivés. Nous vous invitons dans l'enseignement de cette soirée à venir dans la conscience dans votre champ de conscience envers vous-même.

Le champ de conscience

Ce champ de conscience est bien plus vaste et bien plus au-delà que le champ de conscience que mental peut imaginer.

Ce champ de conscience peut tourner autour de votre sphère de la couronne, autour de votre sphère de la clairvoyance du troisième œil, mais votre champ de conscience de cet espace tourne bien au-delà de cela et tourne bien tout autour de vous et en vous.

Ce champ de conscience peut être sur toutes les parties de votre corps. Votre genou a une conscience, votre fémur a une conscience, vote talon a une conscience, votre corps éthérique a une conscience, votre corps émotionnel a une conscience.

Ainsi, ne limitez point votre champ de conscience à cette sphère de votre tête, mais venez englober votre champ de conscience dans l'uniformité et dans l'entièreté de la représentation de votre corps physique et tous vos multiples corps à l'intérieur de vous.

Ouvrez-vous à la vastitude de l'être que vous êtes. Cette vastitude de votre conscience va bien au-delà de votre corps, de ce vous ressentez. Vous êtes bien au-delà de votre champ de pensée, vous êtes bien au-delà de ce que vous croyez.

L'énergie source

Ouvrez cette conscience d'une vastitude qui vous traverse. Rentrez dans l'abandon et la confiance que cette vastitude vous traverse et est une source de Lumière pour l'entièreté de vos corps, pour l'entièreté de vous-même, et telle une nourriture orgasmique, extatique.

Osez lâcher des résistances à l'intérieur de vous, ne vous permettant point l'abandon, ne vous permettant point le « lâcher-prise », ne vous permettant point de pouvoir simplement, tout simplement vivre l'expérience de la Vie, vivre l'expérience de votre vie.

Venez ouvrir votre cœur si celui-ci est fermé, ouvrir votre haras si celui est fermé, ouvrir votre plexus si celui-ci est fermé, afin que dans cette ouverture vous puissiez laisser passer cette énergie vous traversant ; cette énergie étant votre source même de nourriture énergétique, votre source même de nourriture, permettant l'avancée de toute votre structure.

La peur

Maintenant, observez un espace où vous vous sentez bloqué à l'intérieur de vous, observez l'espace de votre cœur, de votre chakra sacré, de votre plexus, observez un espace à l'intérieur de vous ; observez dans cet espace qu'est-ce qui est le blocage, qu'est-ce qui vous empêche de vous ouvrir au sacré, à l'énergie, à la liberté, à l'énergie de la fluidité.

Qu'est-ce qui retient ?

Qu'est-ce qui empêche ?

Et vous répondrez certainement : des peurs, des inconsciences, des croyances, mais surtout la peur, n'est-ce point ? La peur de faire mal, la peur d'être abusé, la peur d'être rejeté, la peur de ne pas avoir envie de lâcher, la peur de l'inconnu, la peur d'être dominé, la peur, etc.

La peur vient limiter votre champ de conscience, ce champ de conscience limité par cette peur, limite vos énergies, dans le langage qui est fort utilisé en ce moment dans cette planète, du féminin sacré et du masculin sacré,

Observez comment l'énergie du féminin sacré, cette énergie circulant en vous, cette énergie spontanée en vous, cette énergie libre en vous est telle « l'eau », peut être conditionnée, retenue, empêchée, par le phénomène que le masculin n'est plus dans le sacré, à l'intérieur de vous, et en vous.

Que le masculin a perdu la notion du sacré, que le masculin reste dans la domination à l'intérieur de vous, domination inconsciente.

Dans le champ de l'inconscient, ceci est justement l'énergie dirions-nous de ce qui est non sacré.

Le propre du sacré est d'être mis en conscience et en lumière.
Tout ce qui est de l'ordre de votre inconscience demande à être remis en Lumière.

Tout ce qui est de l'ordre de votre inconscience demande à être de nouveau resacralisé, demande à être à nouveau à être alchimisé par l'énergie de la Lumière.

Toute peur en vous peut être un
chemin d'éveil, de Lumière.

Prenez telle peur et venez dans le chemin de la resacralisation de cette peur, afin de rouvrir le champ de conscience et de laisser à nouveau l'énergie du féminin circuler librement dans ce champ de conscience.
Ouvrez vos peurs, ouvrez tout ce qui est difficile pour vous de lâcher, ouvrez les portes à l'énergie en vous.
Ouvrez ces énergies de retenues, ces peurs du changement, ces peurs de perdre une place, ces peurs de perdre une reconnaissance, ces peurs de perdre un fonctionnement qui semble bien fonctionner, ces peurs de perdre le pouvoir, n'est-ce point ? Ces peurs de perdre, ou d'être, etc.
Ces excuses de maintenir le conditionnement, maintenir la cristallisation, maintenir l'inconscience, maintenir la non resacralisation de ce que vous êtes.

La resacralisation

Vous pouvez toutes et tous vous resacraliser, et faire ce choix de retrouver le sacré à l'intérieur de vous.

Vous pouvez toutes et tous vous resacraliser, et faire ce choix de retrouver le sacré à l'intérieur de vous, faire ce choix de retrouver le

Divin en vous, et de l'éveiller. Comment ? En « expensant » votre champ de conscience, en cessant vos aveuglements, vos conditionnements, en choisissant de vous ouvrir à un changement, de revenir à une unité du cœur, à une humilité de l'essence de qui vous êtes.

Certains êtres ici présents me diront : « comment me regarder, je suis aveugle ? »

L'aveuglement n'est point limité à un champ de votre troisième œil et de votre vue. L'intelligence peut venir vous éveiller, par la subtilité, par la finesse d'intelligence de ce qui est compris, de ce qui est capté, de ce qui est ressenti, de ce qui intégré dans la structure du masculin même.

Ainsi, observez quel est votre outil de la libération de votre essence, votre outil pour laisser circuler votre essence librement à l'intérieur de vous, laisser le Divin circuler en vous.

Observez lorsqu'il y a cristallisation, quel est votre outil spécifique en vous : est-ce la Foi, La Confiance, en la Lumière, est-ce l'intelligence de capter, est-ce l'Amour de ce qui est ? Est-ce le plaisir de découvrir, de se rencontrer, de se passionner pour l'émerveillement de l'être qu'il est, dans la découverte de qui il est ?

Ainsi chacun, chacune ici présent a son propre chemin de retour à sa propre Lumière, à sa propre divinité.

Prenez conscience que le Divin existe au sein même de vos cellules, au sein même de ce cosmos, de cet univers.

Vous avez un divin dans chaque cellule, ainsi comptez le nombre de cellules divines que vous portez en vous, n'est-ce point ?

> *Est-ce ainsi utile de le chercher à l'extérieur, n'avez-vous pas assez à l'intérieur de vous ?*

Si une cellule ne peut point exprimer sa Lumière, il y a assez de cellules dans votre corps pour pouvoir laisser approfondir cette Lumière à l'intérieur de vous.

Ceci est un choix de vous mettre au service de ceci, car, me direz-vous, à quoi me sert la Lumière en moi, pourquoi devrais-je suivre la Lumière, la Lumière m'a trahie ?

Je suis bien dans ces conditionnements à être dans le pouvoir, pourquoi changerais-je ? Je suis bien dans la domination, je suis bien dans les « histoires », je suis bien dans la nourriture de mon Ego…

Demeurez-y, autant de temps que vous ayez besoin, car il y a aussi la Lumière dans ces espaces.

Ainsi, tout est Lumière, ne changez point, libérez ce que vous avez envie de libérer de vous, ne vous mettez point dans une obligation du changement et de la Lumière, car ceci reviendrait à remettre une cristallisation et non une libération de qui vous êtes.

> *Suivez votre chemin, dans la certitude que votre chemin est rempli de Lumière et que ce chemin est juste pour vous.*
>
> *Pour ceux et celles ici présents, se mettant une pression de vouloir être dans la Lumière, vous êtes dans la Lumière, ceci est fait.*

Pour ceux ici présents, désirant se mettre une pression de cheminer le plus parfaitement possible dans la Lumière, vous êtes le plus parfait possible en cet instant dans le chemin de Lumière, ceci est fait !

Vous êtes ce que vous êtes, la Lumière œuvre à travers vous. Ceci est la preuve vivante, car vous êtes vivants, et vos cellules sont vivantes par le fait même est qu'elles sont régies par ce système de Lumière en elles.

Si vous avez par moment un doute que vous portez la Lumière, vérifiez que vous êtes vivants.

Pour ceux, celles qui sont présents qui sont embêtés ou qui ont des parties en eux embêtées d'être dans la Lumière, observez que cette Lumière en vous est depuis votre incarnation, depuis vos incarnations, et que vous avez toujours été dans la Lumière. Ainsi, pourquoi ceci vous embêterez lorsque vous en prenez conscience ?

Dans votre inconscient, vous étiez déjà dans la Lumière. Ainsi, ceci ne change rien de prendre conscience que vous êtes dans la Lumière, ceci ne demande aucun réajustement de vos comportements, ceci ne demande aucun réajustement de l'état de qui vous êtes lorsque vous êtes.

Certains êtres veulent être rassurés qu'ils sont bien porteurs de cette Lumière, et pour d'autres êtres, ceci peut juste être une connaissance, que lorsqu'ils feront davantage l'expérience de Lumière, ils pourront simplement amener une connaissance au sein du champ du mental que ceci existe, quelque part en eux.

Observez la liberté, toutes et tous que vous avez de vivre dans cette reliance, dans cette connexion à votre Lumière ici présente.

Qu'en est-il des êtres de Lumière, des Anges et de tous ces phénomènes énergétiques vous accompagnant tout autour de vous ou en vous ?

Ces vibrations existent avec des vibrations particulières et spécifiques suivant l'incarnation de ces énergies ayant été vécues.

Ces énergies sont beaucoup plus vastes que votre corps physique et peuvent être dans votre corps physique.

Prenons comme modèle la vessie à l'intérieur de vous. Si elle se demandait : qu'est-ce qu'être humain ?

La vessie en elle-même est une entité, tout comme vous, en vous-mêmes, vous êtes une entité ; la vessie appartient à ce système de l'être humain que vous êtes, n'est-ce point ?

Vous êtes une entité et dans votre unicité, telle la vessie dans son unicité ; un être de Lumière vibrant sur certains plans, par l'éther et certains espaces vous enveloppe, comme l'être humain que vous êtes dans ce corps, vient envelopper la vessie.

Ceci est fort schématisé, ceci est fort réduit. Mais c'est une forme où votre champ de conscience peut mieux comprendre l'appel des énergies. Ainsi la vessie donne-t-elle le pouvoir au corps ? Le corps, donne-t-il pouvoir à la vessie ?

La vessie et votre corps sont interreliés, interconnectés. La vessie a certes besoin de votre corps pour vivre, mais votre corps sans votre vessie pourrait vivre, mais aurait un dysfonctionnement, ou un manque, ou une envie que la vessie existe, car votre vessie fait partie de votre corps et ceci est divin. Depuis la nuit des temps, la vessie appartient au corps, n'est-ce point ?

Ainsi, il en est de même dans votre relation aux esprits de la Lumière. Cette reliance et cette connexion, l'un et l'autre ayant à la fois leur propre entité et leur propre reliance ensemble.

Cessez de vous limiter à ce champ de conscience que les Êtres de Lumière sont à l'extérieur de vous. Ceci est en vous.

Si nous prenons aussi comme modèle la Terre et vous-même. Vous sentez-vous reliés à la Terre ? Certains êtres me diront que « oui », d'autres me diront que « non », ils ne ressentent point la connexion à la Terre. Or êtes-vous sur la Terre ? Êtes-vous dans la Terre ? Et vous êtes avec la Terre.

Ainsi, vous êtes en connexion avec cette terre, vous ne pouvez point nier que vous êtes dans cette relation à la Terre, grandement le champ, la vibration, l'entité de la Terre, vous enveloppe, vous intègre.

Que vous ayez ce champ de conscience ouverte ou non vis-à-vis de la reliance à la Terre, la Terre est en vous.
La Terre passe à travers vous, vous êtes dans la Terre. La Terre se développe à travers vous, et vous vous développez par la Terre.

Ceci peut être plus palpable pour vote mental.
Lorsque nous vous informons que vous êtes dans la Terre, certains me diront que « je suis bien sur la Terre », n'est-ce point ? La Terre englobe autant la Terre physique que la Terre dans les multiples éléments de la pluie, du vent. Vous me direz, la pluie ne m'avale pas, le vent ne m'avale pas, etc., mais si vous continuez à ouvrir votre champ de conscience, vous remarquerez que vous êtes reliés à la Terre, par la nourriture de la Terre, par les saisons, par les changements du soleil, de la lune, par l'influence que votre Terre-Mère a sur vous, et vous observerez comment par vos actions vous avez également une influence sur votre Terre-Mère.

La Terre a une conscience

Observez cette reliance de conscience entre vous et la Terre, cette inter-reliance.
Ne niez point l'importance de votre reliance à la Terre, ne niez point l'importance de cette mère divine vous accueillant. Lorsque vous niez cette importance, vous perpétuez la séparation, mais vous vous mettez en danger, par le phénomène que vous vous coupez de votre nourriture énergétique.

❖ *L'énergie est vitale*

Lorsque vous vous coupez de votre nourriture énergétique, si vous vous coupez de toute votre nourriture énergétique, de là l'être que vous êtes, l'essence que vous êtes n'étant plus nourrie quittera votre corps physique.

Vous pouvez rester sans vous nourrir pendant quelque temps, d'une nourriture physique, mais vous ne pourrez point rester sans vous nourrir d'une nourriture énergétique.

L'âme que vous êtes quittera ce corps pour retourner dans l'énergie et se nourrir de l'énergie, car l'énergie est vitale.

L'énergie fait tourner votre planète, l'énergie fait tourner l'être que vous êtes, l'énergie fait tourner le corps que vous êtes.

Ainsi, si votre champ du mental tourne, ceci est grâce à l'énergie, ceci est Lumière.

❖ *L'énergie vous habite*

Les énergies auxquelles vous avez du mal, pour certains, à vous abandonner, sont pourtant le moteur de ce que vous permettez et de ce que vous pouvez vivre dans cette incarnation, de vos actions libres, de vos sentiments libres.

Prendre soin de soi et du corps

Cette Terre est une Terre d'accueil, n'est-ce point ? Imaginez que si vous dépérissez l'énergie de cette Terre (et nous vous rassurons que l'énergie de cette Terre n'est point encore dépérie), la Terre mourrait dans le sens où vous le comprenez dans votre dimension. Où vivriez-vous, que feriez-vous ?

Venez ouvrir votre champ de conscience, les actions sur vous-même. Avant de vous occuper de la Terre, occupez-vous de vous, et gardez votre corps comme le corps de la Terre a besoin d'être respecté, d'être habité.

Nous le répétons, la Terre prend soin d'elle, et vous pouvez vous en rendre compte dans certains grands évènements, la Terre prend soin d'elle ; ainsi sur votre temps de votre espace, lorsque vous l'énervez un peu trop, elle sait poser ces limites.

Occupez-vous de vous, et venez regarder votre corps et votre champ à l'intérieur de vous, telle votre propre « terre ». Et si votre âme peut quitter votre corps, l'âme de la Terre n'est point encore prête à quitter la Terre, car la Terre préserve son âme.

Préservez l'âme que vous avez, l'être que vous êtes, l'essence que vous êtes.

Que l'âme ait le désir de rester dans votre corps, que l'âme ait le désir de pouvoir œuvrer à travers ce corps, ce qu'elle est venue faire dans cette incarnation, que l'âme puisse vivre cette expérience d'incarnation.

Laissez libre votre âme vivre et pour laisser libre votre âme vivre, prenez conscience de votre âme.

Prenez conscience que ce que vous retenez, que ce que vous enfermez est votre moteur de vie ! Prenez conscience que si vous l'enfermez de trop, vous l'étouffez, l'âme quittera votre corps et vous mourrez, et il ne restera rien de ce quoi à vous vous identifiez.

Observez dans le champ de votre quotidien, à quoi vous identifiez-vous ? Est-ce que vous vous identifiez à un poste de responsabilité que vous avez, est-ce que vous vous identifiez au père, à la mère que vous êtes ? Est-ce que vous vous identifiez à l'enfant que vous êtes ? Est-ce que vous identifiez à la femme ou au mari que vous êtes ? Etc. À quoi vous identifiez-vous ? Est-ce que vous vous identifiez aussi à vos missions de vies, est-ce que vous vous identifiez à la reconnaissance que vous pouvez avoir dans un travail, à quoi vous identifiez-vous ?

Et lorsque vous vous identifiez, vous êtes dans la perte de la conscience du sacré, vous êtes dans la perte de vivre une expérience. Vous vous accrochez.

Ceci ne demeurera point ; ceci est un phénomène énergétique éphémère ; à l'intérieur de vous, la vie se poursuit.

L'énergie de la Lumière circule perpétuellement.

Lorsque vous vous accrochez, vous vous accrochez à un leurre énergétique, à une croyance, qui n'est plus, qui n'existe plus. Tout est illusion. Ainsi à quoi s'accrocher ? Accrochez-vous au néant. Pourquoi ne vous accrochez-vous pas au néant ? Pourquoi n'est-ce pas intéressant de s'accrocher au néant ? Pourquoi ceci doit toujours être dans le « rempli » et dans la sensation de s'accrocher, dans la sensation de ressentir, dans la sensation d'exister par le contenir ?

Dans le néant, il y a existence.

Il y a la vie en tout.

Observez ce pouvoir que vous avez de faire la multitude d'expérience si vous le choisissez ; et combien vous vous limitez à une, à deux, trois expériences dans cette vie. « Je me limite à ce métier, et à manger comme ceci, et de dormir de telle heure à telle heure, et à régler ma semaine comme ceci. »

Observez comment vous vous limitez dans le potentiel de ce que la vie peut vous proposer, combien vous pourrez faire par courage l'expérience de divers phénomènes à l'intérieur de vous si vous vous rencontriez davantage.

Observez que certains disent « moi, je suis bien comme je suis », « là où je suis, je n'ai point besoin de changer » ; observez réellement que ceci est une fausse excuse de masquer des peurs du changement, des peurs de la perte de quelque chose.

Le choix et le droit d'être conditionné

Vous êtes dans ce droit de rester dans vos conditionnements. Simplement, ouvrez vos champs de conscience qu'il y a d'autres choses qui peuvent exister que ces conditionnements et qu'ainsi vous vous retrouvez plus libre d'être dans vos conditionnements. Vous avez alors le choix de rester conditionné. Ainsi dans ce conditionnement vous y vivez une liberté, par ce choix de la liberté d'être où vous êtes, et de ne point changer là où vous êtes. Lorsque vous vous rouvrez à cette liberté, l'énergie à nouveau recircule dans cet espace où vous êtes, et la Lumière se manifeste, or, vous n'avez point changé d'espace, et vous n'avez point changé de positionnement.

Nous vous invitons simplement à vous émerveiller du potentiel, des multiples potentiels que vous avez toutes et tous de faire des expériences.

Vous comprenez pourquoi il y a plusieurs incarnations n'est-ce pas ? Pour pouvoir faire tout ce qu'il y a à faire et de tester de multiples choses, surtout pour les incarnations où vous testez une ou deux choses, n'est-ce-point ? Nous vous taquinons.

Vivez qui vous êtes dans l'énergie de qui vous êtes, et acceptez là où vous en êtes.

Ne choisissez point de changer si vous ne le voulez point, si vous ne le désirez point et rayonnez qui vous êtes, tel que vous êtes.

Prenez simplement conscience en vous du tout possible que vous portez, et de l'être de création que vous êtes.

Sortez de l'inconscience de croire que vous avez perdu votre liberté, toutes et tous vous êtes libre d'être.

Lorsque vous voulez dominer certains êtres par le fait que vous avez peur d'être vous-même dominé et de perdre votre liberté, ceci est une illusion. Vous êtes libre. Lorsqu'il est impossible de vous tenir la main, car de vous tenir la main vous auriez la sensation qu'on attache l'oiseau libre, ceci est illusion. **Vous êtes libre.**

Personne autour de vous ne vous enferme, seule votre inconscience, seules vos peurs vous enferment et vous retrouverez la liberté par l'éveil de votre conscience.

Remerciements de la Vibration

Nous partagerons dans d'autres moments un enseignement sur le pouvoir de la création, un enseignement sur le pouvoir de l'amour et un enseignement sur le pouvoir de vos énergies sexuelles, car ces énergies, par le fait des peurs ou des inconsciences que vous portez, certains n'habitent plus ces énergies ou renient ces énergies. Ils se mettent alors en danger dans l'Amour, dans la Création, dans le potentiel de votre procréation.

Rouvrez d'abord votre champ de conscience à cette liberté que vous avez et que vous êtes.

Par ce choix libre conscient, faites circuler cette énergie de vie, cette énergie d'Amour, cette énergie de Création, peu importe comment vous l'appelez, cette énergie de Lumière, ces Êtres de Lumière, la Matrice, le Divin, le Père, etc., etc., au sein même de toutes vos cellules.

Vous êtes ce que vous êtes et vous êtes une partie du Tout, vous êtes une création de cette Terre. La Terre tournerait autrement si vous n'étiez point comme vous êtes. Vous êtes une partie du Divin, car vous êtes dans le Divin. Ainsi, la vessie est vessie, mais la vessie est dans le corps et la vessie appartient au corps et ainsi le corps inclut la vessie. Nous vous remercions. Nous vous disons à très bientôt, et nous restons ouverts pour de multiples questions auxquelles nous reviendrons. Nous sommes fort heureux d'être en vous. Nous vous saluons. Et nous demeurons. Nous recevons la gratitude que certains êtres émanent, nous vous remercions.

**Channeling via la Vibration de Marie-Madeleine.
Le 18 novembre 2013**

L'enseignement d'Emma

La vie nous donne le pouvoir de faire toutes les expériences que l'on désire.

La vie nous laisse le choix de décider, face à un évènement, quel comportement, quels sentiments nous avons envie d'expérimenter ?

À quoi cela sert-il de pouvoir vivre toutes ces expériences ? Je pense, à nous connaître réellement.

Notre âme a pour but, au travers de la vie, de nous faire découvrir qui nous sommes : Dieu, des êtres d'amour, de lumière.

Notre âme s'arrange pour que notre vie soit à la fois une marche forcée, une valse viennoise, un épisode de feuilleton sentimental, une retraite romantique, un film d'horreur... au travers desquels nous avons la possibilité de découvrir notre être par l'éveil de notre conscience et de notre ouverture de cœur.

Notre être désire qu'à travers ces expériences, notre conscience s'élève afin de percevoir Dieu, la justesse, l'amour, la beauté en tout.

Notre être sait qui nous sommes.

Plus nous nous élevons vers la magnificence vers laquelle notre être nous pousse, plus le mystère de la vie nous est amour.

Nous nous retournons un jour, et nous nous apercevons, grâce à cette élévation de la conscience que tout notre chemin, toutes nos expériences nous ont amenés à cet état d'amour, et que nous étions sans cesse en train de devenir de plus en plus beaux.

Notre âme sait : l'expérience humaine que nous vivons est un enseignement par lequel nous nous rappelons que nous sommes une partie de Dieu.

La beauté dans tout cela ? Par l'élévation de la conscience, nous parvenons à la sphère de la spiritualité, à la perception de Dieu partout, à l'observation de la justesse de tout, à ressentir l'amour infini en tout, et à sortir de l'inconscience.

L'ego est une identification à notre personnalité. C'est un faux-moi. L'état d'inconscience, c'est-à-dire, l'identification à la personnalité, crée l'ego. Cet état se substitue à notre véritable moi directement lié à notre être.

Beaucoup d'êtres humains sont identifiés à leur personnalité et par conséquent, vivent dans leur ego et l'inconscience.

Notre ego a d'immenses besoins. La peur est le grand pouvoir de notre ego. La souffrance et la douleur sont deux sensations appartenant à notre ego.

Le mental à la base est un puissant outil pour nous rappeler que nous sommes des êtres de lumières désireux de faire des expériences dans la vie matérielle sur terre. La fonction du mental est d'enregistrer des expériences sans s'y identifier ni les juger. Mais, beaucoup de personnes s'identifient à ce qu'ils vivent et en ont oublié leur vraie nature.

L'ego, qui n'était qu'un outil est devenu le maître chez nous-mêmes. Et, aujourd'hui, il lui est très difficile de redonner le pouvoir au vrai maître.

L'ego est puissant, aussi bien un puissant outil, qu'une puissante entité ne voulant pas redonner le pouvoir.

Aujourd'hui, beaucoup de personnes sont identifiées à leur personnalité et ne le savent pas. Elles ne connaissent que cette manière de vivre.

L'identification crée alors, des lunettes opaques de croyances, de concepts, d'étiquettes, de jugements. Ces lunettes empêchent de voir la vraie réalité, et d'avoir par conséquent de vraies relations : relations avec nous-mêmes, avec les autres, avec la nature, avec Dieu. Ces lunettes amènent des pensées de peurs, de séparations.

L'inconscience crée l'ego, la conscience le métamorphose.

Ainsi, le premier pas à faire pour s'éveiller est d'apprendre à se dissocier de nos vêtements (c'est-à-dire : la personnalité). Nous nous apercevons alors qu'une autre chose existe aussi en nous. Nous avons alors franchi la première étape vers l'élévation de la conscience.

Atteindre l'être passe par accepter, vivre avec l'ego.
Atteindre l'être n'est pas tuer l'ego, mais l'envelopper.
Atteindre l'être, atteindre l'illumination, c'est-à-dire, ne faire qu'un avec notre être ne peut se réaliser que si nous parvenons à être notre ego et à nous désidentifier de lui pour nous apercevoir qu'une chose plus vaste existe aussi en nous.

Notre ego fait partie de notre être.
L'illumination, c'est s'élever au-delà de notre ego.

Ce point de conscience me tient à cœur, car pendant longtemps j'ai cherché à faire disparaître l'ego. La souffrance qui a été déclenchée m'a fait alors atteindre l'acceptation, l'humilité envers moi et les autres, la compassion, la paix intérieure, la joie, l'amour de vivre, l'illumination.
La dure souffrance de l'ego que j'ai vécue, m'a amené le pouvoir de renoncer à la résistance, d'accueillir ce qui est, de l'accepter et de trouver une paix en moi. Elle m'a fait comprendre que la peur est une illusion de notre mental pour continuer à nous diriger.

La place Juste

La considération de soi : se dire bonjour

Nous vous invitons à poser votre main sur votre cœur, nous vous invitons à vous saluer, à vous honorer dans cette salutation de reconnaissance envers vous-même, envers l'essence même de qui vous êtes.

Nous vous invitons à travers cette salutation à tourner ce regard de gratitude et de reconnaissance de vous-même pour vous-même.

Observez le nombre de fois où vous ne vous dites pas bonjour, observez le nombre de fois où vous allez dire bonjour à un autre être que vous-même, observez le nombre de fois où vous ne vous choisissez pas, où vous ne vous regardez point, observez le nombre de fois où d'abord vous regardez l'autre, observez combien de fois vous oubliez chaque jour de vous honorer, combien vous oubliez chaque jour de votre quotidien de vous regarder, de vous considérer et de vous estimer, observez combien de fois vous le faites et vous le faites de nombreuses fois dans votre journée à d'autres êtres et non à vous-même, observez de dire bonjour à votre compagne, bonjour à vos enfants, bonjour à vos compagnons, est-ce que vous vous dites bonjour à vous-même ?

En cet instant, dites-vous bonjour, en cet instant venez prendre soin de vous, en cet instant, donnez-vous cet instant, ce moment, cet espace-temps, nos vibrations pour vous-même, d'ouvrir l'amour pour vous, à travers vous et nous aurions envie de dire en cette soirée uniquement pour vous-même, de venir dans cet amour régénérer l'entièreté de vos cellules de votre corps physique, par cette charge énergétique d'amour, pour que vous receviez, que vous émanez, qu'il y ait irradiation de cette charge énergétique d'amour.

Toutes les personnes, tous les liens karmiques, toutes les vibrations à l'intérieur de vous, que vous portez d'autres êtres certes, recevront également ses vibrations d'amour, ceci se fera à travers vous-même. Prenez cet espace-temps pour vous et venez offrir à l'entièreté de vos corps l'amour.

Qu'est-ce que l'amour ?

Cette vibration est fort calme, fort pure d'essence naturelle, l'essence innée que vous la ressentiez à l'extérieur de vous, que vous la ressentiez à l'intérieur de vous, ceci est une forme d'amour.

Appuyez-vous dans cette essence, quel que soit comment vous la ressentez et augmentez cette essence naturelle, afin qu'elle prenne davantage de champs de conscience à l'intérieur de vous.

Ceci peut se manifester par des couleurs, par des sensations, par une émotion, par une sensibilité, par une dévotion à vous-même, par un apaisement, par un soulagement, par une respiration, par une joie, par un sourire, par une détente, par une communion, par un élan de vie.

L'amour vous met dans de multiples états, dans de multiples actions d'être dans l'unité de vous-même.

Dans ce chemin auquel vous œuvrez, vous aurez tous des retrouvailles avec vous-même, des retrouvailles avec nous-mêmes, des retrouvailles avec votre lumière.

Des propositions de chemin vers l'éveil

Avec les enseignements que nous vous apportons, le chemin peut-être fort simple, dans votre vie quotidienne, n'est-ce point ?

Ce moyen : vous dire bonjour et vous offrir cet espace-temps d'amour est fort simple.

Ceci peut vous mener à un chemin d'éveil à l'intérieur, à l'essence même de qui vous êtes, d'éveil à votre essence pure, à votre essence divine.

La simplicité, la voie de la pureté sont des voies de retrouvailles avec vous-même.

Lorsque les voies sont trop compliquées, revenez au centre, respirez trois fois et revenez à un espace de vous-même plus simple, tournez votre regard dans une autre direction que la complication.

Pour certains êtres ici présents, lâcher la complication est difficile, car lorsque vous êtes dans la complication, vous êtes dans de multiples attaches, vous êtes dans de multiples nœuds, ainsi la sensation d'être entouré, la sensation de ne point être seul, la sensation d'exister, la sensation de ne point disparaître, existent telle une illusion.

Dans la voie de la simplicité, vous êtes tel ce pèlerin, non seul sur votre chemin, mais dans un espace vibratoire auquel seule la vibration d'amour vous habite, la vibration d'amour avec ses différentes palettes de couleurs, mais seul Dieu vous accompagne dans cette voie de la simplicité, l'engagement, le choix, le souhait d'accepter cette voie uniquement avec l'amour, uniquement avec le divin en vous.

Dans la voie de la simplicité, vous êtes tel ce pèlerin, dans un espace vibratoire auquel seule la vibration d'amour vous habite, la vibration d'amour avec ses différentes palettes de couleurs. Seul Dieu vous accompagne.

Ainsi dans cette voie de la simplicité, l'engagement est le choix, le souhait d'accepter **cette voie uniquement avec l'amour,** uniquement avec le divin en vous (ceci certes ne veut point dire de vous séparer des autres, non point ceci). **Ceci est une voie intérieure** dans laquelle vous pouvez côtoyer de multiples êtres.

Pour certains êtres, vous pouvez être seul dans votre vie quotidienne et vous êtes compliqué et attaché... Pour d'autres vous êtes entouré et, mais vous êtes d'abord dans cette voie d'amour avec vous-même, uniquement avec cet amour et ce divin à l'intérieur de vous. Ainsi ce que vous communiquerez sera l'émanation de cette lumière, vous irradierez cette lumière, vous irradierez ce que vous êtes.

Lorsque vous êtes dans la complication, lorsque vous êtes dans les attachements, observez : qu'irradiez-vous ? Un espace fort compressé, un espace beaucoup moins lumineux, car fort retenu de vous-même. La lumière est « trop compressée » dirions-nous. La lumière est plus retenue et donc moins visible, non point qu'il y ait moins de lumière, mais simplement plus enfermée.

L'appel du chemin de la simplicité est de pouvoir simplement rouvrir ce champ énergétique d'amour à l'intérieur de vous, ce champ énergétique de lumière à l'intérieur de vous, de retour à la source à l'intérieur de vous, peu importe le nom que vous portez sur cette vibration en vous.

Ce chemin de simplicité ramène à tourner le regard à l'intérieur de vous et ceci peut être fort confrontant, fort dérangeant.

Il vous appartient uniquement à vous-même de solliciter ce choix en vous, il vous appartient de décider la voie à laquelle vous désirez inspirer, la voie à laquelle vous désirez suivre et n'est-ce point merveilleux que tout soit possible ?

Tout est possible dans vos champs de conscience, vous pouvez faire l'expérience du compliqué, vous pouvez faire l'expérience du simple et revenir au compliqué, tout sera encore là, dans l'instant d'après et tout sera encore là demain matin et tout sera encore là dans un siècle, dans une vie, dans dix mille vies, tout cela sera encore là.

Dans le cycle de la grande création de qui vous êtes, de la divinité, imprégniez vos cellules que vous êtes cet être de lumière, que votre champ de votre ego pense le mériter ou pas, veut le recevoir ou non et dit avoir peur de perdre le pouvoir, si vous baignez trop dans la lumière, vous êtes ce champ de lumière.

Vous avez ce choix de baigner entièrement dans ce champ de lumière en vous ou vous avez le choix d'y mettre que les pieds, que la moitié de votre corps, et ceci demeurera possible éternellement.

Se reconnaître Lumière

L'éternité est en vous, comme l'humanité est en vous

L'éternité est le Dieu à l'intérieur de vous : vous portez Dieu, vous portez l'humain, vous portez la matière, vous portez le spirituel, vous êtes ce que vous êtes dans cette incarnation, un mélange de demi-dieu, de demi-homme. L'équilibre est à l'intérieur de vous, n'oubliez pas qui vous êtes, ne limitez point qui vous êtes, par des pensées, par des croyances vous limitant et vous diminuant.

Prendre sa juste place

Quel est l'intérêt de vous limiter ?
Quel est l'intérêt de vous réduire ?
Quel est l'intérêt de ne pas prendre l'entièreté de votre place énergétique ?

Vous vous trompez, vous vous leurrez, vous vous illusionnez, en pensant qu'en ne prenant pas l'entièreté de votre place énergétique, ceci est moins compliqué, au contraire, ceci demeure plus compliqué.

C'est pourquoi nous vous rappelons la voie de la simplicité.
Les conflits du cœur sont souvent dus à ce que les êtres ne prennent pas justement leur place, à ce que les êtres ne prennent pas assez leur place, ou à ce que des êtres prennent la place d'autres êtres.

Lorsqu'un être prend sa place, aucun être ne lui prend sa place et si d'autres êtres essayaient ou tentaient de prendre sa place, ses êtres se rendraient vite compte qu'ils sont mal à cette place et cesseraient de prendre la place.
Seul, votre être peut être dans l'aisance, dans le bien-être à votre place.
Lorsque vous n'êtes point à votre place, vous êtes mal à l'aise, n'est-ce point ! Il en est de même pour les autres autour de vous. Si vous vous réduisez, vous êtes mal à l'aise, si vous prenez trop de place ou une autre place qui n'est pas la vôtre, vous êtes mal à l'aise.
Les êtres qui font des métiers qui ne leur correspondent point sont mal à l'aise. Or, ils ne permettent point de laisser la place aux êtres qui auraient besoin ou qui seraient dans la justesse de cette place, de ce métier.

Prenez votre place, car elle vous attend. Seul vous pouvez-être en harmonie à votre place.

Prenons l'exemple du puzzle :

Chaque pièce du puzzle a sa place unique, lorsque vous mettez une autre pièce à la place d'une pièce de puzzle, cette pièce peut rester quelque temps, mais lorsqu'autour d'autres pièces apparaissent, cette pièce est contrainte d'être déplacée du puzzle, pour mettre la juste pièce à cette place.

Lorsque vous êtes dans votre place, il y a certitude que vous êtes, pour le bien-être de tous, pour le bien-être de cette humanité, pour le bien-être du collectif, pour le bien-être de cette terre et pour le service divin.

Reprenons le puzzle : lorsque vous mettez une pièce et que vous savez que cette pièce est à sa juste place, vous êtes content. Cette pièce vous donne un repère pour pouvoir placer d'autres pièces autour d'elle.

Il en est de même pour la création de qui vous êtes et du champ énergétique, de l'harmonisation de cette terre et de l'harmonisation de l'humanité.

Quand les êtres veulent arrêter la dysharmonie, ils prennent le chemin de la juste place.

Osez rayonner votre juste place pour l'univers pour le divin, pour l'humanité, pour vos futurs enfants, pour cette planète. Allez à votre juste place et sortez de cet élan égotique porté sur une reconnaissance illusoire, si vous savez que vous n'êtes plus à votre place, même si ceci est éphémère, cependant l'éphémère peut durer toute une vie…

Ainsi vous avez le choix d'œuvrer pour une vie ou pour l'éternité, tout est possible.

Nous vous le répétons, ne vous mettez aucune pression, aucun jugement, tout est possible.

N'oubliez point que la vie est un jeu. Vous avez le droit de jouer, nulle pression à évoluer, car l'évolution est naturelle.

Que vous le désiriez ou non, vous évoluez, ceci est un processus naturel de la Vie, avec un grand V, de Dieu avec un grand D, ainsi de Qui vous êtes avec un grand Q.

La paix et le paradis sur Terre

Nous vous parlons ce soir de votre juste place, car dans l'œuvre énergétique, nous réalignons votre masculin sacré. Nous appelons à l'alignement du masculin sacré, en chaque être, en ces heures, en ces jours, en ces instants de votre humanité et dans ce passage planétaire, afin que la paix puisse naturellement émaner du féminin, de cette essence, de cette quintessence que vous portez à l'intérieur de vous et à laquelle vous aspirez tous ici présent.

Certains êtres achètent la paix, certains êtres négocient la paix, certains êtres se soumettent pour avoir la paix, certains êtres ont diverses stratégies pour retrouver la paix et nous vous invitons ce soir, à une nouvelle stratégie d'alignement et de juste place pour retrouver la paix naturelle, la vraie paix, la paix éternelle. Nul besoin de quitter ce plan terrestre, pour trouver le repos éternel. Vous pouvez l'avoir en cet instant, en vous-même, dans la justesse de votre alignement. Nous vous rappelons que le paradis est aussi terrestre. À ceux qui désir le voir, l'honorer, le célébrer, le ressentir, le rêver et l'habiter, il est présent.

Cette terre est lumineuse, cette terre est dans l'amour, cette terre est bienveillante...

Éveillez vos consciences à cela, par l'alignement juste de votre masculin intérieur.

La Terre demeure éternellement en amour, pour vous ; cette terre demeure éternellement dans l'accueil de vous-même, cette terre demeure éternellement à relever le oui d'où vous habiter, de vous accueillir et cette terre, chaque heure, chaque seconde, chaque jour est éternellement à vous nourrir, à vous offrir, à vous donner de multiples dons, de multiples cadeaux.

Chaque jour, vous ne manquez de rien, sur cette terre. Elle est abondante pour vous.

Observez le magnifique de cette terre. Ne trouvez-vous point ainsi que cette terre est un paradis, une louange divine ? Ouvrez votre champ de conscience sur cette reconnaissance, d'où vous habitez ? Où êtes-vous pendant un certain temps ? Squattez et observez quel squatteur vous êtes sur cette terre ? Comment respectez-vous ? Observez combien de fois vous oubliez de vous dire bonjour, combien de fois vous oubliez de regarder autour de vous, sur cette terre ceux qui vous entoure, combien de fois, vous êtes pris dans vos illusions, dans vos pensées ; or ses pensées ne sont point réelles. La terre est créée, la terre est dans la création, ainsi vous en oubliez le visible, pour amener l'invisible de vos pensées. L'invisible devient visible par la force et la puissance de la pensée et du pouvoir d'action. Prenez le temps de penser à la réalité de votre terre. La réalité est que cette terre est en abondance, nul doute de cela. Vous êtes dans un champ limité, lorsque vous pensez que la terre ne peut plus rien ou peu pour vous. La terre est fort puissante, la terre demeure éternellement.

La Terre n'est point en danger, la Terre est en changement vibratoire. La Terre appelle à ce que vous puissiez vous éveiller ; mais la Terre ne vous veut pas de mal, et la Terre n'est point en disparition. Vous disparaîtrez avant la Terre, et vous reviendrez de multiples fois sur cette Terre.

La Terre peut changer de structure, la Terre peut changer de vibration, car la Terre est en éternelle évolution, comme vous. Le processus pour vous est similaire au processus de la Terre, au processus de l'Univers et au processus Divin.

Dieu est en évolution, Dieu partout est en évolution, ainsi partout le processus d'évolution est pour tous, est pour tout.

Temps de méditation pour honorer la Terre

Nous vous invitons à terminer cet instant plus en conscience, plus en méditation, en regardant la beauté de cette Terre.

« Cette Terre vous accueille, sentez, éveillez tous vos sens, au paradis que vous habitez et que vous ne voyez plus, pour la plupart… » (Méditez un instant)

Lorsque vous commencerez à voir le paradis terrestre. Vous pourrez davantage mieux nous ressentir. Tel notre Saint François, honorez cette Terre. Cet être dans sa vibration honorait le paradis terrestre et tous ceux qui habitent sur ce paradis terrestre. Cet être a œuvré pour l'humanité. Nous le mettons en référence, pour venir vous aider, telle une poésie à devenir avec ce qui vous habite, ami avec votre Terre, ami avec l'énergie qui vous loge, ami avec votre propriétaire.

Cette propriétaire ne vous demande rien, vous êtes gratuitement logé ; ainsi, à vous seul de venir nettoyer votre espace de squatte, à vous seul de savoir si vous voulez la propreté sur votre terre, sur votre terrain, sur votre lieu d'habitation.

Remerciements de la Vibration

Nous désirons en rester là ce soir, mais nous pourrions poursuivre :

– à éveiller votre champ de conscience, votre champ énergétique, votre champ de lumière, votre ouverture : à la Terre, à Dieu, à l'Humanité, au masculin, au féminin, à l'horizontalité, à la verticalité, au tout et au rien.

– à enseigner d'autres manières que les conditionnements du mental, du jugement.

Nous vous remercions, nous vous habitons et nous vous aimons, nous demeurerons éternellement en vous, ainsi, nous serons encore en vous lorsque vous vous coucherez ce soir et nous serons encore en vous demain, à votre lever.

Nous vous remercions de nous accueillir et de ne point fermer cette vibration de qui nous sommes en vous.

Nous aimons sentir notre liberté en vous et nous respectons lorsque vous refermez et nous vous saluons

Channeling via la Vibration de Marie-Madeleine.
Le 4 décembre 2013

L'enseignement d'Emma

Inspirez et expirez 3 fois après cette lecture.

Imaginez une énergie blanche, comme une douche de lumière se déversant sur vous, dans tout votre corps et tout autour de votre corps.

Laissez tous vos corps et plans de conscience s'imprégner de cette lumière ruisselante.

Et si c'était vrai ?
Si tout cela était vrai ?
Comment serait la vie ?

Dialoguer et servir son âme

La présence de l'Autre dans l'autre

Nous vous invitons à venir vous laisser traverser, à venir vous laisser sentir par la présence de l'autre.

Observer combien l'autre, à côté de vous, est proche de vous. Combien dans les palpations de l'énergie pouvez-vous sentir l'énergie de l'autre. Lorsque vous sentez l'énergie de l'autre, vous sentez également l'énergie de l'autre avec un grand A. Ressentez avec votre nez, ressentez avec vos sens, l'Autre avec un grand A, dans l'Autre.

Observez l'essence de cet être à côté de vous que vous ressentez, combien, si vous avez les yeux fermés, vous sentez une vibration, vous sentez une odeur, vous sentez une sensation, vous pouvez même imaginer une représentation. Or, si vous ouvrez les yeux, vous pourrez vous rendre compte que cet être, si vous ne le connaissez point, n'est pas du tout comme vous l'avez imaginé dans son énergie où combien cet être, vous l'imaginez plus proche de vous ou plus éloigné de vous, physiquement.

Le discernement intérieur

❖ *Qui a raison ? Votre conscience intérieure ou votre conscience extérieure ?*

Les deux sont fort complémentaires.

Un être, dans une apparence froide et rigide d'extérieur, peut, si nous fermons les yeux, sentir un parfum de douceur, un parfum de rose, un parfum du sacré.

Si vous rouvrez les yeux, vous êtes fort étonné que ce soit cette personne, qui pouvait être à la fois dans cette essence de douceur et dans cet aspect physique de cuirassé, rigide, sévère.

Il en est de même quand certains êtres ont des aspects doux, mielleux gentils. Lorsque vous fermez vos yeux, lorsque vous rentrez dans votre essence, lorsque vous vous connectez à la perception intérieure, vous pouvez sentir chez ces êtres, d'autres énergies de force, de puissance, de courage, d'autres énergies de violence, etc.

Le développement des sens

Développez la capacité de vos sens, de votre vue extérieure, mais également le sens de la vue intérieure, le sens de l'odeur extérieur, mais également l'odeur intérieure...

Ne jugez point les êtres...

Simplement, reconnaissez l'humanité : l'ombre et la lumière en chaque être ; l'aspect naturel de l'expérience de l'ombre et de la lumière.

De juger, vous sépare davantage. Si vous sentez l'entièreté de l'être qui se présente à côté de vous, devant vous, derrière vous, vous ouvrirez davantage votre cœur, vous le reconnaîtrez frère, sœur, vous l'aimez dans son imperfection.

Son imperfection vous rappelle votre imperfection, n'est ce point !

Vos capacités sensorielles et vos capacités énergétiques sont là pour honorer l'ouverture du cœur de confiance et de compassion et non point pour fermer davantage le cœur, et le remplir de jugement.

Lorsqu'un être a une cuirasse, nous reprenons, de rigidité, de sévérité, il n'y a point de méfiance lorsque cet être donne un acte de douceur et d'amour.

Il n'y a point le mental se disant il y a un piège, car il y a reconnaissance que cet être porte également la douceur et l'amour.

Certains êtres ici présents diront : « pourquoi y a-t-il cuirasse et rigidité, si cet être porte douceur et amour ? »

Ceci est le chemin d'évolution de cet être, le chemin de protection de cet être, le chemin où ses cuirasses représentent les blessures, de la personnalité de cet être, ce chemin d'évolution de son âme.

Laissez cet être cheminer, dans le retour d'amour à lui-même, dans le retour d'amour et de confiance en son essence sacrée, car plus les êtres retrouvent amour et confiance, dans leur propre essence, plus les formes de cuirasses se décristallisent et disparaissent.

Il est totalement à respecter que certains êtres voient la lumière chez d'autres êtres et que ces mêmes êtres grandement lumineux ne voient point leur lumière.

Ceci est un jeu des lumières. Comment ces êtres rayonnants ne voient-ils pas leur lumière ?

Observez que ces êtres qui sont en train de reconnaître la lumière chez l'autre, souvent, ne reconnaissent point leur propre lumière, ne voient point leur propre lumière ?

Ainsi, à cette question, comment cet être, si lumineux, ne voit-il point sa lumière ? Regardez-vous, et vous comprendrez et vous aurez la réponse.

Nous vous remercions.

Nous revenons en ce corps, en vos perceptions de ce corps, de vos ressentis corporels, de l'éveil de vos sens…

Ceci est un exercice intéressant pour le mental : fermez les yeux afin de rencontrer d'autres perceptions que celles avec vos propres yeux extérieurs.

Le mental part à la quête d'une autre connaissance sensorielle, afin de retrouver des repères.

Vous sentez, par exemple, la douceur. Or, avec vos yeux dits extérieurs, vous voyez la rigidité. Pourquoi accorderiez-vous moins de confiance à ce ressenti de la douceur qu'à la perception que vous trouvez cet être rigide et sévère ?

Ainsi, observez pourquoi, pourquoi, pourquoi, pourquoi…. Accordiez-vous davantage de confiance à, une visualisation extérieure qu'à un ressenti intérieur ?

Beaucoup d'êtres ici présents ne pourraient répondre à cette question. Car il y a, excusez-nous du terme « stupidité » d'un choix, sans logique, dirons-nous, d'un choix de mouton.

Le guerrier de Lumière intérieur : engagé et fidèle à son ressenti

La maturité de votre chemin spirituel est de revenir, non point à l'espace de guerrier en vous, mais de ce guerrier de lumière. De revenir dans ce courage et ce courageux à l'intérieur de vous, cet être de bravoure à l'intérieur de vous, ce pour quoi nous appelons le guerrier de lumière.

Nous entendons par guerrier non point un être faisant la guerre. Nous entendons par guerrier, un être, dont son essence relève du courage, de la bravoure, de la dévotion, de la volonté en ces perceptions subtiles divines.

Retrouvez votre propre guerrier. Reprenez confiance, en ce qui raisonne au plus profond de vous, en ce qui raisonne à la surface de vous-même, en vos propres ressentis, en vos propres perceptions, en la magie que vous portez à l'intérieur de vous et que vous n'utilisez point ou très peu, car ayant peur de l'utiliser.

Vous êtes parfois, comme un « cuisinier »… vous cassez un œuf, pour faire une omelette et vous demandez à dix personnes si vous avez correctement cassé l'œuf.

Vous avez cassé un œuf, point.

Y a-t-il une manière de casser un œuf ? Ceci est une duperie de votre mental, de poser une telle question.

Car l'heure de l'omelette n'est point à l'heure de se poser comment nous cassons l'œuf. L'heure de l'omelette est ensuite de touiller, de faire cuire, etc., etc., etc.…

Observez, combien dans vos actions, vous êtes souvent ralentis, par cette perturbation intérieure de ne point rester dans cette fidélité à vos ressentis.

Observez, aussi le nombre de fois dans vos incarnations où vous avez eu un ressenti, que vous n'avez point fait le choix de suivre ce ressenti.

Observez, combien, chaque fois que vous ne suiviez point votre ressenti, il y a, au niveau de vos personnalités, telle une trahison de votre personnalité envers votre âme.

Lorsque vous ne suivez point ce qui est juste pour vous, la voie juste pour vous, vous trahissez pour certains, vous abandonnez pour d'autres, vous rejetez pour d'autres, vous humiliez pour d'autres, vous-même… engendrant, par la suite, de vivre cela également dans vos relations extérieures.

Vous vous séparez alors de votre propre source.

Par la suite, vous courez après la source dite extérieure, car vous vous coupez de votre propre source intérieure.

Le retour à votre propre source intérieure passe par la voie du sens, de la sensation, la voie interne, une voie directe.

De multiples voies extérieures existent, nul doute, mais pourquoi ne pas choisir la voie la plus proche de vous-même, la voie qui est toujours avec vous-même ?

Ceci facilite le possible des retrouvailles.

L'énergie de cette soirée vient vous repositionner, non point dans une forme de punition, non point dans une forme de jugement, mais dans un rappel des êtres que vous êtes, dans un rappel des valeurs que chacun, chacune porte au sein même de qui il est.

Ces valeurs sont uniques en chaque guerrier de lumière que vous êtes, car chaque être à ce rappel de venir honorer, ce pourquoi il s'est engagé et a accepté de faire l'expérience terrestre.

De multiples êtres oublient tout simplement le pourquoi ils sont ici, sur ce plan terrestre, et se perdent dans de multiples formes d'illusions, dans de multiples formes de croyances, dans de multiples formes de superficialité, dans de multiples courses ou chasses ne les nourrissant point.

En conséquence, ils demandent encore, encore, encore et encore… car ceci n'est point assez nutritif pour leur âme.

Écoutez votre âme qui vous dira, ce dont elle a besoin, qui vous dira ce dont elle a envie, ce dont elle a faim. Vous pourrez retrouver une aisance, au sein même de vos structures.

Vous pourrez cesser de courir après du chimique pour revenir à l'énergétique.

Rencontre avec son besoin d'âme

Ainsi, certains êtres pourront poser la question : comment savoir de quoi mon âme a besoin, de quoi désire-t-elle se nourrir ?

❖ *Intériorisation*

Tournez à nouveau ce regard à l'intérieur de vous. Appelez l'espace de votre âme, de votre essence, cet espace sacré divin…

Cet espace où, nous vous avons déjà fait plonger plusieurs fois, ce nectar à l'intérieur de vous, cet espace magnifique, cet espace où vous pouvez sentir, combien vous pouvez vous abandonner, combien vous pourriez vous mettre les pieds en éventails. Nous vous sourions, mais ceci est fort sacré.

Dans cet espace, vous y trouvez une source, une sécurité. Que ceci soit un minime espace de vous pour certains êtres, ou que ceci soit presque la totalité de votre corps pour certains autres êtres, peu importe la place énergétique que vous offrez à votre âme.

Votre âme est en vous, nul doute de ceci. Nous vous le répétons, le jour où votre âme ne sera plus dans ce corps physique, il y aura mort du corps physique.

Au sein même de cette source, régénérez-vous, vous nourrir à l'intérieur de vous.

Cette source peut être toujours au même espace, lieu à l'intérieur de vous. Cette source qui peut, bien sûr, se manifester sous différentes manières à l'intérieur de vous.

Cet espace source est en vous, vous pouvez vous détendre, vous délester. Vous pouvez même y ressentir de l'amour pour tous, même ce que vous nommez vos « ennemis ». Cet espace vous y ressentez la paix, la gratitude, la joie d'être vivant, la joie de votre vécu, la joie de vos expériences, la sincérité de votre essence.

Peu importe, comment peut se manifester cet espace-là en vous.

Quelle qualité cet espace-là porte en vous ?

Cet espace-là est une porte de reliance de votre âme à votre personnalité.

❖ *Pénétrer la conscience dans/de l'âme*

Maintenant, traversez cette porte et baignez-vous dans un aspect de votre âme, dans une essence cristalline. Plongez dans l'âme, cela vous berce dans l'univers, pour d'autres, cela vous met dans un cocon, pour certains êtres, vous y ressentez la joie, la joie naturelle, la joie et la sensation que vous êtes chez vous, que vous êtes en vous.

N'essayez point de tout ressentir, car nous donnons, des interprétations, de ce que chaque être peut ressentir.

Si vous ressentez une sensation, connectez-vous à cette sensation.

Demeurez dans cette sensation,

Saluez cet espace-temps ressenti en ce lieu de votre âme.

Ce lieu est vivant.
C'est un aspect de votre âme.

❖ *Dialoguer avec l'aspect âme*

Maintenant, vous pouvez dialoguer avec cet espace-âme à l'intérieur de vous…

Tout comme, vous pourriez dialoguer avec la terre mère et recevoir la réponse…

Ce dialogue dans lequel vous rentrez avec votre âme, c'est le dialogue que nous vivons avec vous actuellement.

Lorsque, nous rentrons dans vos vibrations et lorsque vous rentrez dans nos vibrations en conscience, ceci est le même phénomène.

Vous pénétrez votre âme, vous pénétrez une essence vivante, une essence divine et vous lui dites bonjour. Reconnaissez que vous pouvez dialoguer de même avec les animaux, avec les végétaux, avec les minéraux, avec votre âme.

Vous pouvez demander et dire à votre âme que vous êtes là en cette soirée pour elle… non point pour exiger quelque chose d'elle à nouveau, mais pour l'écouter… pour faire ce choix de vous mettre à son service…

Vous portez, cet amour, cette humilité, ce cœur, de faire ce choix, pendant quelques secondes, quelques instants : servir votre âme.

Si votre mental est d'accord de cela, ceci apaise le corps et amène une sécurité.

Une partie de vos cellules peuvent dire :

« Enfin ceci est là, enfin ceci est la justesse, enfin ceci est l'alignement. Enfin, tous les puzzles, les pièces s'alignent ».

Dans cet espace, dialoguez avec votre âme, demandez-lui ce dont elle a besoin.
Qu'est-ce qui la nourrit ?
De quoi se nourrit-elle ?

A-t-elle besoin que vous lui donniez une dose de soleil ?

A-t-elle besoin que vous lui donniez une dose de connexion à la nature ?

A-t-elle besoin que vous lui donniez une dose de câlins ?

A-t-elle besoin que vous arrêtiez de manger, telle chose ou telle chose ?

A-t-elle besoin que vous puissiez prendre, telle chose ou telle chose ?

A-t-elle besoin simplement de s'exprimer ?

A-t-elle besoin de vous conter son histoire d'âme ?

A-t-elle besoin d'avoir envie de vous enseigner ? Et de vous faire comprendre pourquoi, vous en êtes là sur ce chemin de vie ?

A-t-elle envie de venir vous réconcilier, d'apprendre à vous aimer ?

A-t-elle envie d'apprendre à vous rendre joyeux, à vous redonner la joie ?

A-t-elle simplement envie d'honorer le pourquoi elle est sur cette terre ? Quelle est la mission terrestre qu'elle s'est engagée à tenir ?

A-t-elle aussi besoin de l'aide de votre personnalité de cette terre pour aussi venir poursuivre l'enseignement qui lui a été demandé : un enseignement d'humilité pour certains êtres ici, un enseignement de sagesse pour d'autres êtres ici, un enseignement d'évolution, d'équilibre pour certains autres, un enseignement de l'amour pour d'autres, etc.

Votre âme a, à la fois, son enseignement dans cette incarnation et, à la fois, à enseigner ou apporter, dans cette

incarnation auprès de la terre et des êtres humains, et auprès de nous-mêmes également.

Ceci est un échange où le corps et la personnalité sont à la fois outil et sujet de cette évolution...
Pourquoi votre âme a-t-elle choisi un corps comme ceci ?
Pourquoi votre âme aime-elle être dans ce corps même si votre personnalité le déplore ?
Quels sont les potentiels, quelles sont les qualités de ce corps qui permettent à cette âme d'œuvrer, dans ce pour quoi elle doit œuvrer ?

Ceci peut aider certains êtres, ici présents à venir accepter leur corps, car l'âme a choisi consciemment et en toute intelligence divine, le corps dans lequel il est.

Constatez : Tout est parfait et vous êtes parfait dans ce que vous êtes actuellement.
Observez :
Quelles sont les qualités de votre âme ?
Quelle est la musique de votre âme ?
Qu'est-ce que vous ressentez, au plus profond de vous-même, émanent de votre propre source...
Cette douceur, par exemple, ressentie est la vôtre, non point celle du voisin, non point, la nôtre, la vôtre.
Ce sentiment de gratitude est le vôtre, non point celui du voisin, non point le nôtre, le vôtre.

N'oubliez plus votre lumière

Nous cherchons à vous éveiller et à vous réveiller, ce soir, par la conscience, par le discernement, de choisir de ne plus oublier qui vous êtes réellement. Nous vous proposons de vous regarder, chaque matin, dans l'être de lumière que vous êtes, dans le guerrier de lumière que vous êtes. Cet être courageux de bravoure, non point, doté d'un courage de votre ego, mais dans l'énergie du courage, émanant dans l'entièreté de vos corps.
Regardez-vous dans cet amour de vous-même, non point bien sûr dans l'orgueil démesuré et la fierté à travers le regard des

autres, mais dans le contentement de ces petits pas de courage vers vous-même, que vous faites à chaque instant.

Car lorsque nous parlons de courage envers vous-même, vous avez pris conscience en ces derniers temps, que votre plus grand lion, votre plus grande peur est vous-même, n'est ce point ?

Alors, lorsque vous vous permettez de regarder le lion en vous, que vous vous apercevez que ce lion est un minou, que vous vous apercevez même que ce minou est un chaton, ceci demande fortement du courage d'être ce chevalier, d'être ce guerrier. Cet être engagé, envers ce choix de retrouvailles et de prendre la responsabilité de revenir apporter la lumière en vous.

Sentez cette lumière en vous, cette responsabilité, non point dans une forme de pression au niveau de vos épaules, non point dans une forme de rigidité, mais dans une forme de conscience, tel un père, telle une mère que vous prendriez soin avec bienveillance, du sacré, avec joie, avec allégresse, avec sim-pli-ci-té, dans cette conscience que vous voulez protéger l'essentiel.

Certains êtres ici me diront : et lorsque nous avons perdu nos instincts de protection ?

En posant cette question, ceci veut dire que vous avez fait le chemin de les retrouver et de les réintégrer dans vos structures énergétiques.

Gardez confiance que tout ce dont vous prenez conscience, nous vous aidons à l'intégrer dans vos cellules afin que cette intégration soit éternelle et efficace. Afin que le naturel du cours de la suite de votre évolution se fasse dans ce que vous êtes appelés par la suite.

Nous vous remercions, nous vous invitons également à sentir :

Les guides auprès de vous ce soir, vos propres guides, vos propres protections, de sentir que vous n'êtes point seuls, dans ce chemin du guerrier de lumière que vous êtes.

Dans ce chemin de désirer la paix.

Dans ce chemin de l'honneur, que vous portez dans vos cellules.

Dans cet élan de répondre à l'appel du sacré, de retrouver votre maison.

Et pour ceux qui ont du mal à contenir les énergies, nous vous invitons à respirer dans cette verticalité de qui vous êtes. De vraiment vous abandonner à la confiance, de s'ouvrir à ce OUI intérieur, qu'il n'y a nul danger à l'abandon et que ceci apporte une guérison.

Nous demeurons quelques instants, pour intensifier les énergies, nous vous remercions. Nous remercions les êtres répondant souvent à notre appel de l'enseignement. Nous remercions également les autres êtres ici présents, dans cette contribution, de l'unité entre vous tous. Nous remercions également, cette forme et cet être dans cette forme que nous sommes forts heureux de retrouver ce soir et de le sentir en joie.

Pour certains êtres, si l'énergie a été fort intense, nous vous invitons à poser votre conscience dans votre base, dans votre enracinement, afin de pouvoir venir solidifier l'enracinement, afin que les structures se posent.

Gardez au sein même de votre cœur, le mot confiance à l'abandon de ce qui est et à la libération des cristallisations.

Confiance, faites-vous confiance, nous le répétons, faites-vous confiance, dans la certitude que vous êtes protégés et bénis.

Nous demeurons, nous vous disons à bientôt.

**Channeling via la Vibration de Marie-Madeleine.
Le 18 février 2014**

L'enseignement d'Emma

Pour mieux comprendre cet enseignement, j'ai pris quelques lignes pour expliquer ce qu'est l'être, l'âme, l'état d'être, afin de mieux comprendre où la Vibration nous propose d'aller lors de « la méditation du dialogue avec l'âme ».

Qu'est-ce que l'Être ?
Pour moi, c'est une étincelle de Dieu en nous.

Qu'est-ce que l'âme ?
C'est un aspect de notre Être, telle la chair du fruit.

L'être est un aspect extraordinaire situé en nous. Il est directement relié au divin et à la puissance universelle.
C'est une partie de nous qui connaît tout sur nous : nos vies antérieures, nos vies futures, notre vie aujourd'hui.

Il pourrait être également défini comme notre Dieu qui sait exactement quelle route nous devons suivre pour arriver à notre perfection, notre état d'être (ou perfection divine). C'est une puissance enfouie en nous qui sait exactement ce qui est bénéfique pour nous, qui dirige toute notre existence.
Plus simplement, c'est un ami qui nous habite.

Il est indestructible, indéfinissable.

Nous ne pouvons ni le représenter ni l'imaginer, mais nous pouvons le ressentir...

L'être se manifeste de différentes manières.

Un des accès à cette Vibration en nous est l'intuition

L'être peut se faire entendre par une voix en nous, qui nous parle, nous conseille de suivre tel chemin, de dire telle chose. C'est cette pulsion que l'on peut avoir parfois à ouvrir un livre à une page quelconque, à se laisser guider à un certain endroit ou à écouter une personne sans savoir ce qui va être découvert, sans être sous le contrôle de notre mental.

Cette petite voix douce peut être un guide, un conseiller, un soutien... Elle est toujours là, vingt-quatre heures par jour pour nous diriger et nous soutenir. Nous ne sommes jamais seuls. Cette voix n'attend qu'à être utilisée ; c'est-à-dire ; qu'à rentrer en communication avec nous. Cela peut devenir un dialogue, des échanges. Nous pouvons apprendre à lui parler.

La Joie unit la Paix

Une seconde manifestation que nous touchons dans cet état vibratoire de l'être en nous est la joie unie à la paix.

L'être porte la joie ; c'est l'état originel de Dieu, un état naturel...
Je distingue :
– **la joie émotionnelle** : celle que nous pouvons ressentir dans notre personnalité, complémentaire à d'autres couleurs émotionnelles comme la peur, la tristesse, la culpabilité.
– **la joie originelle** : celle où quoi que nous vivions nous sommes ressource de joie de vivre et de paix.

Tout comme la joie, la paix, nous pouvons la ressentir. Quand nous comprenons que tout est parfait tel que et que cela le sera toujours, nous touchons un état de tranquillité, cependant, nous atteignons la paix de l'être au travers une démarche de vérité, de pardon, de lâcher-prise et de compassion.

Cette paix, c'est le calme en nous.
Sans attentes, ce qui est : Est.

Les pratiques méditatives nous aident à développer cet aspect de nous. L'enseignement ci-dessous, nous parle de cet état d'être...

« Quelque chose en moi sait que rien ne peut m'arriver, que rien ne peut me détruire. C'est ce noyau infracassable en nous, ce noyau infracassable du divin en chacun de nous. »

(Du bon usage des crises, Christiane SINGER)

L'être c'est ce qui nous fait vivre. C'est une force de vie en nous.

La vie insiste pour que nous devions pleinement nous-mêmes.
La vie nous place sans relâche des épreuves émotionnelles sur notre route.
La vie nous demande de les dépasser pour percevoir peu à peu notre véritable nature : des êtres d'amour.
La vie nous incite continuellement à régler nos problèmes émotionnels, qui nous attachent aux préoccupations de la personnalité et nous coupent de notre divinité.

Moins nos problèmes ont de l'emprise sur nous, plus nous atteindrons notre divinité. Moins nous serons dans l'ego, plus nous serons dans notre état d'être.

Cette force nous aide à cela. Elle est toujours présente, nous aidant à continuer la route, malgré les embûches, les obstacles. Elle est tenace. Jamais elle ne nous abandonne, même quand nous même nous voulons la chasser, l'oublier ou la laisser. Jamais elle n'abandonne, jamais elle ne baisse les bras. Elle sait, elle croit, elle a foi.

Lorsque nous sommes lasses, épuisées, cette force reste présente, elle ne nous permet pas de nous laisser aller, de mourir, elle nous tire, toujours, sans cesse vers la vie.

Le souffle

J'associerais cette force intérieure à notre souffle. En effet, tout comme cette force en nous qui n'abandonne jamais, notre souffle, lui non plus ne cesse jamais.

❖ *« Respirer c'est vivre »*

Le souffle est la principale source énergétique de la vie. S'il est possible de vivre sans manger pendant plusieurs jours, nous ne pouvons pas vivre sans respirer plus de quelques minutes, sinon nous mourons.

Notre souffle est un mécanisme naturel en nous. Il n'est point sous le contrôle de notre mental. Même, lorsque nous voulons nous arrêter de respirer volontairement, quelque chose en nous, nous « oblige » à reprendre une respiration.

Le souffle, c'est la vie.
Le souffle, c'est l'être.
C'est un des éléments de notre corps que le mental ne peut diriger.

❖ *Notre souffle, c'est notre pouvoir de vie.*

Quand il cessera, notre vie physique cessera aussi. Et notre être partira.

Sans notre souffle, nous n'aurions pas de vie.

Sans vie physique, nous ne pourrions pas sentir notre souffle, mais nous ne pourrions pas non plus sentir notre élan de vie... ce « jus », cette passion qui réveillent nos cellules.

La conscience

Je compléterai que l'être peut également se voir au travers la conscience.

C'est une conscience qui dépasse toute compréhension.
C'est une conscience qui inclut et dépasse notre petite conscience mentale.

Plus nous déployons notre conscience, plus l'évidence de la présence de l'Être se fait sentir...

L'être, c'est l'Amour.

Nous pouvons percevoir la présence de l'être, au travers l'amour inconditionnel en nous.

C'est cette essence que nous ne pouvons ni contenir ni circonscrire, mais que nous pouvons ressentir, goûter, reconnaître. C'est cette sensation que nous ne pouvons pas définir ni cataloguer, mais que quand nous la ressentons, elle ne laisse aucun doute quant à sa présence.

L'amour c'est ce qu'il y a de meilleur en nous : notre essence divine. C'est ce qui est sage, perspicace, vrai, doux, radieux.

Cet être aime toute notre création. Il ne sait ni haïr ni mentir ni punir ni juger. Il est Amour, liberté, compréhension et compassion pure.

L'amour n'est pas une relation, c'est un état d'esprit, c'est notre être.

Lorsque nous nous abandonnons à cet amour, nous nous sentons en fusion, en communion, en union. Nous nous sentons généreux et entiers, et nous devenons vraiment nous-mêmes.

Nous pouvons ressentir cet amour inconditionnel en nous, mais cet amour nous appelle aussi, non pas à revenir à nos anciennes façons de penser, de voir la vie, mais à avancer vers la lumière de nos âmes.

Cet amour nous laisse libres de choisir. Il exauce nos désirs. Si nous optons pour des concepts et des croyances négatives, cet être continuera à exaucer nos vœux jusqu'à ce que nous soyons prêts à modifier nos pensées et nos choix. Cet être plein d'amour ne juge pas, il ne connaît ni le bien ni le mal, il nous laisse libres de faire nos expériences, de nous laisser grandir et de nous aider quand nous lui demandons. Il est là patient, confiant, plein d'énergie, de force, d'amour à nous donner à chaque instant, quel que soit le moment ou l'évènement que nous vivons.

Ainsi, cet être en nous est vaste, grand, parfait.

C'est en fait la somme de toutes nos attentes déçues, de nos amères déceptions, de nos séparations éreintantes et de nos cœurs brisés, de nos extrêmes souffrances qui nous font découvrir notre être.
C'est l'ensemble de nos peurs qui nous amène à notre être.
C'est l'ego qui nous montre qu'une autre chose existe : l'être.

C'est une Vibration maître en nous,
qui a pour but de nous amener à
l'évolution, à l'union.

Le miroir

Nous sommes fort heureux de pouvoir vibrer en votre cœur cher être et nous sommes fort heureux que vous puissiez poser votre conscience en votre cœur.

Méditation pour prendre un bain de lumière

Comment sentez-vous votre cœur. Rentrez à l'intérieur, à l'intérieur, à l'intérieur du cœur du cœur du cœur de votre chakra cœur. Prenez ce temps de déposer votre conscience au sein même de votre espace de votre cœur afin de venir saluer l'être de lumière, l'être de grâce que vous êtes. Et vous observerez combien *nous* vous saluons, combien *nous* vous reconnaissons de répondre à l'appel de votre propre lumière, de votre propre croissance, de votre propre évolution spirituelle, de votre propre voie divine, de l'être que vous êtes, de la lumière que vous êtes, de ce chemin divin dans cet univers divin auquel toutes et tous ici présents vous appartenez.

Venez soulager, déposer, détendre les corps, et vos corps physiques et vos corps émotionnels. Venez déposer le lâcher-prise dans votre corps mental, et venez vous bercer par cette énergie toute proche de vous, en vous, tout autour de vous, parmi vous et en vous. Ainsi, venez recevoir l'énergie émanant de vous-même, au sein même de qui vous êtes. Venez nous entendre, venez nous ressentir.

Laissez-vous baigner en agrandissant ce bain de lumière, auquel ce bain prend son robinet, sa source en cette soirée au sein même de vos cœurs. Ainsi, faites déborder le bain.

Offrez-vous cette tendresse à vous-même, cette dévotion, cette douceur, dans vos doux leurres, dans vos doux leurres. Car vos douleurs sont de doux leurres pour votre personnalité, pour votre âme, pour l'essence même de qui vous êtes.

Douleurs = les doux-leurres

Lorsque vous bercez dans ce bain de douceur, observez les doux leurres de votre ego, observez les doux leurres de votre personnalité, observez combien vous aimez doucement vous leurrer, n'est ce point, au sein même de votre structure mentale, au sein même de vos structures égotiques, au sein même de vos identifications de ce que vous croyez être, et de ce que vous êtes simplement par rôle, par personnage, non point par l'essence même de qui vous êtes.

Observez la comédie de votre mental, au sein même de ce que vous pouvez faire au cœur de votre vie, au cœur de vos vies. Venez étreindre votre être, vous entourer, reconnaître votre humanité.

Chaque être de votre humanité fait ce même processus de comédie. Vous avez le même chemin d'évolution. Toutes les âmes ici présentes sur cette incarnation, sur cette terre, ont toutes et tous le même chemin d'évolution. Ainsi, certes, chaque chemin d'évolution a ses différences, mais frères et sœurs, vous êtes sur ce même chemin d'évolution.

Le jeu des miroirs

Regardez, observez combien le jeu de comédie des miroirs est extrêmement bien fluide et facile entre les êtres humains, n'est-ce point ? Combien, lorsque les êtres humains s'identifient grandement et extrêmement bien au miroir des autres, n'est-ce point ?

Si vous vous identifiez bien à l'autre, à la projection sur l'autre et à la croyance sur l'autre, ou si vous vous laissez identifier par l'autre, ou si vous laissez projeter par l'autre, c'est que vous vous reconnaissez en l'autre. Et si vous vous reconnaissez en l'autre, vous pouvez reconnaître que vous êtes sur le même chemin d'évolution, n'est-ce point ?

Le jeu des miroirs est un jeu divin.
Le jeu des miroirs est un jeu pour vous permettre de vous rappeler et de reconnaître qui vous êtes.

Non point pour vous juger davantage, pour rester aliéné au miroir, mais pour vous permettre de vous découvrir et de retrouver la réunification de vous-même.

Car si vous n'aviez pas de miroir pour regarder votre visage, comment pourriez-vous vous reconnaître, n'est-ce point ?

Le miroir que vous voyez chaque jour au travers des autres est simplement le miroir de vous-même pour mieux vous reconnaître, pour mieux réajuster ce qu'il y aurait à réajuster si vous faites le choix de réajuster.

Lorsque vous regardez dans un miroir et que vous voyez une mèche qui ne vous convient point, n'est-ce point vous qui réajustiez votre mèche ? Mais vous n'allez point casser ou brimer ou être en colère après le miroir.

Il en est de même dans votre structure de la manifestation de qui vous êtes, au sein même de votre structure mentale par le jeu même des miroirs.

Remerciez toutes et tous les êtres parcourant votre vie. Remerciez chaque être, à chaque moment de votre vie, vous permettant d'être un miroir de vous-même.

Si par moments, il y a beaucoup de miroirs, vous pouvez diminuer le nombre de reflets de miroirs ou simplement vous regarder dans un seul miroir.

Lorsque vous pouvez éveiller votre conscience à ce jeu des miroirs de l'humanité pour retrouver votre divinité, vous pourrez sourire davantage à ce que la vie vous propose. Et si vous souriez davantage, le miroir sera souriant, n'est-ce point ? Ainsi, la vie deviendra plus légère et vous pourrez vous bercer davantage dans ce bain d'amour.

Ayez la certitude, la confiance, l'enracinement et la verticalité que tous les êtres sont toujours des piliers pour vous aider dans votre évolution. Les êtres désirent, eux aussi votre évolution et leur évolution. Aucun être ne désire vous détruire. Ceci est un leurre, ceci est une croyance, ceci est un miroir de vous-même.

Si vous rencontrez des êtres désirant vous détruire, observez la partie de vous qui avez grandement ou simplement envie de vous détruire, envie de vous diminuer, envie de vous faire disparaître, envie de ne point avoir assez de confiance en vous. Lorsque vous pourrez percevoir que l'autre est tout simplement comme vous et l'autre est tout simplement un reflet de votre vibration, vous pourrez changer votre vibration et le miroir changera.

Lorsque vous pourrez dans cette pleine conscience percevoir vos relations dans ce plan du miroir vous pourrez percevoir que ces êtres sont aussi lumière et sont simplement, des anges venant vous aider pour votre évolution.

L'inconscience : outil d'éveil

Si vous êtes avec des gens non conscients, observez que ceci est le miroir de là où vous avez à mettre de la conscience…

Vous êtes venu faire le processus de l'élévation de la conscience.

Ceci est fort juste au sein même de votre humanité, au sein même de votre plan terrestre, qu'il y a la non-conscience. Si vous êtes sur le plan terrestre, vous êtes encore dans une forme d'inconscience, et ceci est naturellement normal.

Ne venez point juger l'inconscience, venez simplement ouvrir le cœur à l'humilité de ceci.

Lorsque vous voyez des êtres inconscients, ceci peut vous faire mal ; cette douleur vous donne la force de vouloir poursuivre dans la conscience et de changer en vous ce qui a besoin. Ne vous lamentez point sur l'inconscience de l'autre. Si vous vous lamentez sur l'inconscience de l'autre, vous vous lamentez sur votre propre inconscience.
Lorsque vous prenez conscience de l'inconscience de l'autre, vous êtes à ce moment-là éveillé à votre propre pas de la conscience, et ainsi vous avez déjà fait un pas d'évolution afin de poursuivre la verticalité vers qui vous êtes.

Nous vous invitons à un petit exercice

Choisissez une personne.
Entourez-vous et entourez là d'un halo de lumière.
Cette personne se présente devant vous.
Observez ce que vous n'aimez point chez elle et observez ce que vous aimez chez cette personne. Prenez ce temps de quelques instants à faire ce jeu du miroir.

(Silence)

Nous vous remercions.
Ce que vous aimez chez cet être, ce que vous admirez, c'est ce que vous voyez, car vous ne pourriez pont admirer ou aimer ce que vous ne connaissez pas. Si vous connaissez ceci, c'est que vous l'avez déjà connu dans votre propre chair. Ainsi si vous la connaissez dans votre propre chair, vous la portez dans votre propre chair au sein même de votre humanité divine.
Ce que vous aimez moins ce que vous n'aimez point chez cet être, ce qui vient vous déranger chez cet être, ce qui vient vous confronter chez cet être, ce qui vient vous titiller chez cet être, ce que cet être vous renvoie et remerciez cet être de vous permettre de prendre conscience de ce que vous pouvez réajuster au sein même de qui vous êtes.
Si cet être vous renvoie de la culpabilité, remerciez cet être, car vous pouvez nettoyer votre culpabilité.
Si cet être vous envoie de la honte, remerciez cet être, car il vous ouvre la voie à retrouver votre dignité.
Si cet être vous éveille de l'agacement, de l'énervement, remerciez cet être, car cet être vient vous permettre de reconnaître votre puissance et votre force, votre affirmation de vous-même.
Observez que vous êtes au centre de vos projections que vous êtes au centre même de tous ces miroirs tout autour de vous et que lorsque vous quittez ces miroirs, ces miroirs ne sont le reflet de plus rien.

Seul, vous donnez un pouvoir à ces miroirs.

Vous l'avez toutes et tous expérimenté dans votre propre vie. Vous parlez d'une personne et cette personne pour certain va être belle et pour d'autres va être grandement laide, n'est ce point ! Or cette personne est cette même personne. Simplement ce dont cet être porte, appelle comme miroir différentes vibrations selon ce que les êtres la percevant, vivent et ont besoin de réajuster en eux.

Vous êtes remis devant votre propre responsabilité de votre jugement.

Plus vous jugez sévèrement et durement plus vos miroirs seront durs et sévères.

Plus vous rentrez dans l'acceptation de qui vous êtes et plus vous cherchez avec grâce et aisance et non point avec sévérité et obligation à réajuster ce qui doit être réajusté, plus vos miroirs seront souples avec vous-même.

Ainsi ceci est fort simple à comprendre lorsque vous vous regardez dans une glace, quel effet cela fera si vous vous souriez ou si vous êtes sévère devant ce miroir.

Poser ses limites grâce au jeu du miroir

L'expérience du miroir sur votre incarnation terrestre vous permet aussi de découvrir vos limites. Car, dans votre champ céleste divin, dans ce no limite, il y a pour certains êtres ici présents et pour beaucoup d'êtres au sein même de votre humanité une perte de la connaissance de la limite. Ainsi beaucoup d'âmes oublient le champ des limites et ne connaissent plus ce qu'est la limite.

Lorsqu'il y a incarnation terrestre, il y a reconnaissance et réapprentissage de la limite.

Le jeu du miroir permet cet apprentissage.

Lorsque vous vous regardez dans un miroir, vous pouvez délimiter votre corps, vous pouvez venir délimiter vos bras, vous pouvez vous donner une limite de ce que vous êtes et une limite qui est souvent bien différente de la limite que vous sentez à l'intérieur de vous. Vos relations vous permettent aussi de vous donner une limite et de vous permettre l'expérience de la densité. Ce sont les limites qui permettent de connaître la densité. Et c'est les « no limite » qui vous permettent de connaître la fluidité.

Vous pouvez faire au sein même de qui vous êtes, l'expérience de la fluidité par votre regard intérieur et l'expérience de la densité par votre regard extérieur.

Dans cette conscience, tous ces jeux de méchants, de mauvais, de pouvoir, n'existent point, nul être existant dans votre vie, ne désire réellement votre mal.

Si vous ne souhaitiez plus être détruit, quittez ces êtres. Lorsque vous ne voulez plus de pommes, vous cessez de manger une pomme, n'est-ce point !

Il en est de même dans vos structures. Certains êtres diront, « il est fort difficile par moment de quitter certains êtres alors que nous désirons les quitter. » Certes, certes, certes. Et ainsi vous revenez à ce jeu du miroir… Si vous ne voulez point quitter un être qui vous détruit, vous restez attaché à votre propre destruction et au manque d'estime de vous-même, remerciez cet être vous permettant de renouveler et de regarder à nouveau la puissance et le courage de retrouver le respect et l'amour de vous-même.

Lorsque vous retrouverez respect et amour de vous-même, vous vous permettrez aisément et avec allégresse, bonté et sagesse, aisance et grâce, de pouvoir quitter cet être.

Cet être n'est pas dangereux, cet être ne correspond plus à vos vibrations.

Pour certains êtres, il est difficile de quitter des miroirs, que vous n'aimez point, mais que vous avez tellement l'habitude de vous regarder dans ce miroir que vous êtes mis à aimer ce miroir et à ne plus vouloir le changer.

Nous vous rappelons simplement que ce n'est point le miroir qui change, c'est vous-même.

Ainsi si vous aimez ce miroir, si vous aimez cet être, vous pouvez venir réajuster ce que vous n'aimez point voir dans ce miroir en vous changeant vous-même. Et l'image du miroir changera, mais le miroir ne changera point.

Ouvrez, ouvrez, ouvrez, ouvrez, ouvrez vos champs de conscience.

Ouvrez vos champs de conscience sur vos jeux humains et venez rire et sourire de vos jeux humains.

Venez rire et sourire de ces multiples lamentations sur les autres.

Venez rire et sourire de ces multiples manières où vous vous croyez victime, aliéné, enchaîné.

Ouvrez votre cœur, votre humour et votre amour. Ceci est votre propre création, ceux-ci sont vos propres miroirs.

Vous avez ce pouvoir et cette puissance en vous-même pour décider de voir autre chose dans vos miroirs.

Questions

Y a-t-il questions ? Est-ce clair, est-ce compréhensible ce que nous vous avons transmis ? Pouvez-vous observer tous les miroirs et pouvez-vous venir vous désidentifier de ces miroirs ? Pouvez-vous répondre à la question ?

P : « Je vois le miroir. Je vois ce qui ne me plait pas dans le miroir.

MM : - Certes.

P : Mais je ne sais pas comment m'apaiser.

MM : - Ainsi, que n'aimez-vous point dans ce miroir ?

P : - La colère, l'injustice, l'accusation

MM : - L'injustice, l'accusation la colère de quoi ?

P : - Je vois la personne en victime et c'est moi qui suis le bourreau.

MM : - Observez la victime en vous. Observez même à l'instant ici présent que lorsque vous êtes en colère, ou que vous êtes dans le rejet, qu'on puisse vous considérer comme un bourreau, vous devenez à l'instant même victime, n'est ce point ? Est-ce que vous pouvez prendre ça en conscience.

P : - Oui.

MM : - Vous êtes maintenant victime et bourreau de la victime de l'autre, n'est-ce point ? Nous vous remercions. Ainsi observez simplement que cet être vous fait miroir. Venez réunir au sein même de qui vous êtes, qu'il n'y a qu'une illusion de bourreau et de victime. Que cet être vous renvoie à votre blessure. Ainsi pourquoi votre miroir est-il victime de vous-même ? Que vous reproche la victime ?

P : - À moi directement : rien.

MM : - Alors pourquoi êtes-vous le bourreau ?

P : Parce que je représente l'autorité.

P : - Ainsi observez combien vous-même vous avez pu être victime de l'autorité. Et combien par moment dans votre vie, d'avoir eu l'autorité a été fort difficile pour vous de l'accueillir ou d'y obéir, et que ceci a de multiples fois réduit l'essence même de qui vous êtes ou que de multiples fois ceci n'a point permis l'évolution ou l'éclosion de votre essence. Me suivez-vous ?

P : - Oui.

MM : - Vous venez simplement réveiller que vous n'avez point la puissance de pouvoir vous affirmer face à l'autorité.

Cette personne se retrouve devant la même problématique d'être à même avec sa propre autorité et projette sur vous la colère de ne point pouvoir s'affirmer devant sa propre autorité. Ainsi l'une et l'autre vous êtes sur cette même problématique de désirer en ces temps de sortir de l'obéissance de l'autorité.

Est-ce que vous reconnaissez que votre autorité est votre jugement, que la seule autorité est votre jugement ? Votre essence a envie de sortir du conditionnement.

Cet être vous rappelle combien c'est par la souffrance, la blessure, le ras-le-bol que cette énergie de colère, de construction a permis de se créer. De réunir assez pour pouvoir emballer ces assez dans une énergie de colère qui va permettre de pouvoir cesser d'être conditionné par votre propre jugement.

Cette colère dans la construction ne détruit pas le jugement, ne rentre pas en confrontation ou en guerre avec le jugement.

Cette colère est une énergie qui par sa puissance de vie, par sa puissance d'amour dans le "assez, assez, assez, assez, j'en ai marre de souffrir, assez, assez, assez, assez", et en train de dire "amour, amour, amour, amour revient", me comprenez-vous ?

P : - Oui, j'ai une solution. Nous vous remercions. »

Chaque jour, vous pouvez faire ce processus. Observez les expériences de votre vie : tous les êtres vous ont permis d'évoluer.

Une vibration, au sein même de votre Terre, dit que vos ennemis sont vos plus grands amis, et nous trouvons cette réflexion, fort vibrante de vérité.

Vos ennemis sont souvent ce que vous détestez le plus au fond de qui vous êtes. Et ce que vous détestez le plus au fond de qui vous êtes, vous avez eu la stratégie de le nier, la stratégie de l'étouffer, la stratégie de ne point voir.

Vous avez oublié que ce que vous jugez, vous l'avez été ou vous pouvez l'être. Ce que vous rejetez chez les autres, vous le rejetez vous-même. Lorsque vous vous rejetez vous-même, vous rejetez une partie de votre énergie et vous êtes en conséquence mal à l'aise dans vos corps, car vous luttez contre vous-même.

Tout ce que vous n'acceptez point dans cette humanité, tout ce que vous n'acceptez point dans les comportements humains, tout ce que vous n'acceptez point dans la connexion divine, vous vous amputer d'une partie de vous-même. Et tout être ici présent peut connaître la douleur de l'amputation, n'est ce point ?

Revenez à ce cœur, à la tolérance, revenez à la confiance que chaque être ici présent a sa place au sein même de votre humanité, que chaque être ici présent ne peut prendre la place de quelqu'un d'autre. Personne ne peut prendre votre place. Car même si un autre être vient pendant un certain temps prendre votre place, n'étant pas à sa place, cet être se sentira mal à l'aise et finira par quitter cette place.

Rentrez dans la certitude de la bienveillance des énergies pour vous. Rentrez dans la certitude de notre bienveillance au sein même de cette Terre. Rentrez dans la certitude de la bienveillance votre Terre Mère pour vous-même. Rentrez dans cette certitude que vous êtes en sécurité sur cette terre, que vous êtes en sécurité dans les vibrations divines, que vous êtes en sécurité dans l'univers. Et plus vous ouvrez votre lumière, plus vous êtes protégé de ne plus vous perdre et qu'ainsi il y ait de moins en moins d'errance.

Rouvrez vos cœurs, rouvrez vos consciences à la bienveillance de la création. Vous êtes tous des créateurs.

Quel être ici présent, avec ce que vous jugez de toutes vos imperfections, souhaiterait la destruction de quelque chose ou de quelqu'un ?

Si à votre niveau d'imperfection, nous nous excusons pour ce mot, car nous n'aimons point ce mot, nous dirions à votre niveau de conscience vous ne désirez point la destruction, pourquoi à un niveau de conscience beaucoup plus élevé, nous désirerions la destruction.

Rentrez dans la certitude que vous êtes bénis, que vous êtes protégés, que maintes fois dans votre vie, dans cette incarnation, vous avez été sauvés. Certains êtres ici présents en sont conscients, pour d'autres ceci résonne comme une vérité dans leur inconscience.

Nous vous demandons de garder la responsabilité qui est vôtre au sein même de votre Terre et de pouvoir vivre la reliance à la responsabilité de vos corps au sein même de cette Terre. Ce n'est point parce que vous êtes bénis, protégés, accompagnés que vous devez vous délester de vos responsabilités terrestres.

Comment vous sentez-vous dans votre corps ?
Observez si votre champ énergétique s'est agrandi. Observez si vous êtes plus à l'aise, plus joyeux, plus vivant dans votre corps qu'au début de nos retrouvailles. Observez les corps qui se détendent, observez les bâillements. Observez les énergies qui circulent plus librement dans vos corps. Venez déployer vos corps. Certains corps auraient même envie de danser, n'est ce point ? Observez le mouvement de vivre venant en vous par le fait même que vous trouvez sécurité et amour par l'éveil de la conscience qui est vôtre, par la sécurité, que le seul ennemi de vous-même est vous-même, que les seules attaques sont de vous-même. Vous avez le pouvoir et la puissance de vous attaquer. Ceci amène une sécurité de retrouver une puissance sur une action.

Remerciements et valorisation de la Lumière pour ce que nous sommes

Écoutez le chant des présences vous accompagnant.
Rentrez pour sceller dans votre cœur, écoutez avec le bercement du cœur, le bercement du corps, le bercement de l'énergie d'amour, le chant des anges, le chant de la fraternité, vous unissant, vous bénissant, vous remerciant de toutes les œuvres que vous faites pour vous-même.
Toutes les œuvres que vous faites pour vous-même pour retrouver la lumière, pour agrandir votre lumière sont des œuvres précieuses pour nous. Nous pouvons ainsi nous servir de vos structures pour passer des messages ou pour honorer ou guérir cette terre.

Nous avons besoin de vous pour œuvrer dans les champs d'amour.

Observez que vos structures actuelles sont fondées sur cette base.

Observez qu'un patron sans ouvriers ne peut point faire sa production, n'est ce point ? Observez l'utilité de qui vous êtes, que si vous décidez de freiner la proposition du patron, vous en avez le tout pouvoir et personne ne peut vous obliger.

Ainsi dans ce niveau de conscience, observez l'égalité et non plus la supériorité, la domination ou la soumission. L'égalité des énergies, l'égalité des structures de densité, telles que vous êtes actuellement et l'égalité des structures plus fluides, telles que nous sommes actuellement.

Observez la complémentarité, que ceci n'est point une dépendance, mais une unification.

En vous, vous portez le Tout : le dense et le fluide, le divin et l'humain.

Certaines énergies de lumière évoluent grâce à vous. À tout niveau vibratoire de la création, il y a enseignement, il y a alignement, il y a perfection.

Ne vous diminuez point dans les êtres que vous êtes, ne vous surestimez point non plus.

Tout est utile : la fourmi est utile et vous êtes utile pour permettre le grand processus divin et nous vous remercions.

Bercez-vous ce soir, dans l'amour que nous vous portons, dans l'amour que vous pouvez vous porter et dans la reconnaissance de l'importance de qui vous êtes, dans l'importance que vous avez auprès de nous.

Sentez-vous aimé.

Quand vous reconnaissez votre importance, il n'y a plus envie de voir l'autre écrasé, ou d'être dans la peur que l'autre vous écrase. Lorsque vous reconnaissez votre importance, vous touchez une paix, une sécurité et un amour permettant

de laisser l'autre libre de faire les expériences qu'il a envie de faire, jusqu'à ce que lui-même reconnaisse son importance.

Délectez-vous dans l'amour.

Maintenant, chaque être ici présent va déposer un souhait au sein même de son cœur, un souhait pour lui-même. Peu importe l'importance du souhait, déposez votre souhait…

Nous vous remercions.

Laissez les vibrations de ce souhait circuler. Donnez-les-nous, donnez-les à l'univers.

Nous vous remercions.

Nous demeurons auprès de vous et comme à chaque fois que nous pouvons vous rencontrer au sein même de ces structures de groupe ou ces structures individuelles pour certains, nous vous accompagnerons jusque dans vos rêves de cette nuit.

Nous sommes fort heureux de nous manifester au sein même de qui vous êtes, car si certains êtres n'aiment point encore leur structure corporelle, nous, nous aimons vos structures corporelles et nous aimons nous y délecter.

Nous vous remercions de nous y inviter.

Nous vous disons à tout bientôt.

**Channeling via la Vibration de Marie-Madeleine.
Le 28 janvier 2014**

L'enseignement d'Emma

Cet enseignement nous parle du miroir comme possibilité d'évolution.

Nous pouvons saisir l'opportunité d'une richesse d'évolution grâce à l'autre, non pour nous culpabiliser, mais pour nous éveiller et réveiller certains schémas illégitimes et non alignés.

Nous répondons alors à cette quête profonde de notre âme de venir aligner notre personnalité à notre essence.

Les Mirages et le discernement

Nous vous invitons à tourner ce regard auprès de vous-même dans la conscience de votre cœur.

Pour certains ce cœur se situera au niveau de votre chakra cœur, pour d'autres, ce cœur se situera au niveau de votre plexus pour d'autres, bien ailleurs... Ne tournez point votre champ de conscience dans vos sphères cérébrales.

Venez rencontrer la douceur, l'amour, la lumière, la dévotion, les qualités de l'essence de qui vous êtes. Vous les trouverez, chers êtres, en vous.

Le pouvoir créateur

Vous êtes, chers êtres, la manifestation de la réalisation de la création en vous.

Ce que vous manifestez est le pouvoir créateur de vous-même.

Observez ce pouvoir que vous pouvez maintenir dans l'entièreté de votre corps, ce que vous avez : c'est ce que vous avez grandement désiré.

Désirez, demandez, vous créerez la réalité de ce que vous souhaitez !

Observez le pouvoir créateur que vous êtes.

Observez également que ce pouvoir créateur peut amener de multiples illusions, de multiples mirages dans vos structures énergétiques, dans vos structures corporelles, dans vos structures émotionnelles. Observez également, combien ces mirages peuvent maintenir ce champ cérébral auquel vous pouvez vous identifier et non point à une autre nature de l'essence même de qui vous êtes.

Le discernement

Vous êtes, chers êtres, manipulés par vos propres illusions. Vous êtes comédiens au théâtre de la Terre, mettant en scène vos propres... concepts.

Retrouvez le discernement de vous-même.

Revenez dans un espace plus vide à l'intérieur de vous. Pour certains, ce vide peut effrayer et apeurer. Or, ce vide vous amène à la profondeur de qui vous êtes et à toucher le discernement et le détachement à ce que vous pouvez de multiples fois vous accrocher, dans une forme d'illusion de « je suis ».

Car vous n'êtes point ce que vous croyez être.

Vous n'êtes point ce corps, vous n'êtes point le prénom qui vous a été donné, vous n'êtes point cette identité... de telle race qui vous a été donnée, vous n'êtes point, chers êtres, le fils ou la fille de..., vous n'êtes point le conjoint ou la conjointe de...

Vous êtes beaucoup plus vaste que ceci.

Or, pour certains ici présents, vous êtes tellement identifiés et perdus dans les multiples conditionnements qui ont été infligés sur vous, que vous ne savez plus qui vous êtes...

Si vous venez vous désidentifier de votre profession, si vous venez vous désidentifiez du mari ou de la femme que vous êtes, si vous venez vous désidentifiez, du peuple que vous portez, etc. vous semblez perdus...

Vous avez vécu, et vécu, et vécu, et vécu, et vécu, avec cette illusion que vous êtes ceci et que, si nous vous enlevons ceci, vous ne pourrez plus vivre.

Or, prenez ce recul et ce discernement sur vous-même.

Nous pouvons vous enlever tout ce que vous croyez qui vous appartient la vie demeurera en vous.
Vous poursuivrez votre chemin d'évolution.

Vous êtes dans une illusion ou dans un mirage lorsque vous pensez mourir, si telle ou telle personne part de votre vie.

Vous êtes dans une illusion, dans un mirage lorsque vous pensez que vous allez perdre votre travail, etc., etc.

Vous poursuivez à vivre bien au-delà, de quoi vous pouvez vous attacher, dans l'identification de ce que vous croyez être.

Vous êtes pure Divinité.

Rencontrez cette étincelle d'Amour en vous.

Quelle que soit la manière dont l'Amour circule en vous, l'Amour demeure éternel en vous.

Chaque être ici présent, porte l'Amour, la quintessence de son amour, l'étincelle de son amour, et chaque être peut, par moment l'oublier.

Le jugement voile l'amour que vous vous portez et que vous pouvez à l'humanité, à la terre, aux êtres vous entourant. La mésestime de vous-même, la non-confiance créent des voiles d'illusion, créant ainsi de multiples mirages, de multiples mensonges, auxquels vous vous perdez, et dans lesquels, vous cherchez à vous agripper et agripper et agripper éternellement à ce que vous croyez être.

Nous ne vous ferons point ce soir, l'exposé de toute la création de l'humanité issue de ces mirages : le non-vieillissement, le profit de ce que vous pouvez appeler « argent », « l'art des gens », auquel cet art des gens a maintenant perdu la valeur sacrée de l'art de ce que vous pourriez unir.

L'énergie argent est une énergie d'union.

Actuellement, cette énergie d'union, par le mirage, crée davantage la séparation qu'une unité et qu'une valeur commune universelle.

Reprenez, pas à pas, la quintessence même de l'origine, de l'origine de tout ce qui est.

Pour certains êtres ici présents, la méditation demeure un champ conceptuel auquel les formes pensées véhiculent, véhiculent et véhiculent... Servez-vous de ces formes pensées pour plonger dans la réflexion de l'origine, de l'origine, de l'origine, de l'origine de votre propre vie, de la vie.

Observez ceci, observez encore et encore...

Est-ce que l'origine de votre vie est cette robe ? Est-ce que l'origine de votre vie est ce métier ?

Est-ce que l'origine de votre vie est cet être que vous chérissez actuellement ?

Est-ce que l'origine de votre vie est vos enfants ?

Est-ce que l'origine de votre vie est vos parents ?

Vous étiez vivant avant toutes ces rencontres, ou vous demeurez vivant après la perte de ces rencontres.

Le discernement de ce que vous êtes permettra que vous puissiez rentrer dans le détachement de ces formes de mirages créées encore et encore dans des voiles des corps astral, émotionnel et cérébral.

Observez ce sur quoi vous basez vos croyances, ce sur quoi vous pouvez vous appuyer...

Rentrez dans la profondeur des systèmes de vos croyances et observez si vous aboutissez dans une infinie béatitude ou si ces croyances apportent un stop, une voie sans issue.

La vie est infinie. Lorsqu'une croyance arrive à un « sans issue », nous vous invitons, cher être, à comprendre que ce « sans issue » est peut-être un message pour pouvoir ajuster cette croyance, voir libérer ce miasme énergétique d'une croyance erronée.

Certains êtres ici présents diront : que devons-nous croire ? Vous ne devez point croire, vous devez vivre ce qui est.

L'orgueil des bonnes actions

La voie de votre discernement, la voie de votre évolution n'est point de rester dans le champ mental de « je fais bien », « je fais mal », de poursuivre la dualité, de pouvoir avoir l'illusion qu'il y a une juste voie, qu'il y a une attitude correcte, qu'il y a de justes mots, etc., etc.Ceci demeure une pure illusion du contrôle et de cette envie de dominer ce que vous êtes.

Observez d'avoir l'illusion d'avoir dit le bon mot, d'avoir exprimé la juste phrase, d'avoir fait la juste forme d'action, comme certains peuvent le désirer d'être gentil, gentille peut être une forme d'enorgueillement et que vous pouvez vous enorgueillir de ceci.

Cette action perd, alors, sa valeur sacrée du cœur par la fierté ou le jugement que vous pouvez en émaner. Une action, celle de votre cœur, divine, de votre essence n'amènera point de jugement de votre part.

Si vous demeurez dans le « gentil, moi pas vouloir » comme vous pouvez le dire « être méchant », vous demeurez dans de ce que vous nommez « ego » et dans la dualité.

Si vous allez dans l'origine de ceci, cela touche les racines de la peur, de l'illusion de ne point être aimé, de l'illusion d'avoir peur de ne pas faire les choses correctement dans cette envie, d'évolution et d'être bon ou bonne, etc., etc.pour être aimé, pour ne plus souffrir et que vous êtes prêt, dans la non-envie de souffrir, et dans la non-envie de ne point être aimé à nouveau, de laisser le pouvoir à telle valeur ou telle valeur… ou telle valeur… ou tel mot, car cette voie est juste, car cette voie est la voie à suivre… etc., etc. auquel vous vous perdez à nouveau dans l'illusion que si vous allez faire ceci, tout s'illuminera pour vous.

La vie est beaucoup plus profonde que ceci. La vie, depuis des milliards, des milliards, des milliards, des milliards, des milliards, des milliards, et des milliards d'années-lumière est éternelle.

Que vous soyez gentil ou méchant est une pure illusion pour la vie en vous. Car la vie est la vie en vous.

La vie est éternelle

Quelles que soient les actions que vous pouvez donner à vous-même et que vous pouvez donner aux autres, la vie demeure en vous et la vie est en vous.

La vie est la base de votre création et la vie restera la base de la suite de qui vous êtes.

Soyez ce que vous êtes, cessez de vous poser maintes questions venant de votre champ mental : fais-je bien ? Fais-je mal ? Suis-je bien ? Suis-je mal ? Soyez ce que vous êtes, car ce que vous êtes, est la vie s'exprimant, la vie se déployant, la vie faisant l'expérience de la vie, la vie faisant l'expérience du mot, la vie faisant l'expérience de la conscience, la vie faisant l'expérience de l'action, la vie faisant l'expérience de l'émotion, et la vie dans l'unicité de qui vous êtes.

La vie ne vibre point dans un être, comme dans un autre être, la vie vibre dans l'unicité de cet être à travers les multiples potentiels de cet être, à travers, les multiples visions de cet être, dans l'unicité de cet être.

Vous portez la vie... vous portez le précieux, le sacré, le magique.

Pour certains êtres, vous oubliez le sacré de votre vie et vous pouvez même détruire la vie.
Observez, cependant, que malgré votre destruction, la vie demeure. La vie demeure. La vie demeure. La vie demeure.
Malgré tout le champ émotionnel que vous pouvez porter, l'envie de détruire, l'envie de haine, l'envie de rancœur, la vie demeure.
Malgré tout le champ mental que vous pouvez cultiver, de jugement, de critiques, de rejet, d'insolence, d'humiliation, la vie demeure.
Malgré toute la maltraitance que vous pouvez avoir sur le corps physique : la vie demeure.

Revenez à l'essentiel de vous-même.

Est-ce important, ce que vous allez pouvoir manger ce soir ?
Et si vous ne mangez point ce dont vous avez envie, mais autre chose, est-ce important auprès de la vie en vous ?
Pourquoi vous attachez-vous à tel ou tel être ? À tel ou tel objet ? Si la vie disparaît de vous, pourriez-vous continuer à vous attacher à cet objet ?

Quelle place, cher être, faites- vous pour la vie en vous chaque jour, pour ce qui vous honore, pour ce qui vous célèbre, pour ce qui vous rend dans des états de béatitude, de joie, de colère, de tristesse. Comment rendez-vous grâce à cette vie en vous ?

Comment mettez-vous en considération, cet essentiel de ce qui vous permet de pouvoir juger, de ce qui vous permet de pouvoir rire, de ce qui vous permet de relationner.

Vous critiquez, pour certains, la lumière, mais observez, que reste-t-il de vous ? Votre corps n'est plus le corps que vous aviez il y a dix ans, il y a vingt ans de ce temps terrestre.

Vous pouvez créer vos propres souffrances à vouloir retenir la mort. Vous retenez la mort, mais vous n'acceptez point la mort. Or vous tenez la mort entre vos mains, vous refusez la vie, l'évolution et lorsque vous touchez la mort, vous refusez la mort.

Vous vous trouvez coincé dans votre propre dualité, entre le reniement de la vie et la non-acceptation de votre mort et vous créez votre souffrance.

« Je ne veux pas que la vie poursuive en moi comme cela et je ne veux point être dans ce rien, ce vide, ce néant, absence, manque. »

Vous séparez la vie de la mort et vous ne voyez point que ceci est une même énergie.

Que le vide est le plein et que dans le plein, il y a le vide...

Vous vous persuadez qu'il n'y a plus rien après la mort du corps physique. Certains êtres même peuvent se persuader qu'il n'y aura plus rien après la mort de leurs émotions... Observez que vous demeurez vivant, en changeant de multiples fois de croyances, de champs vibratoires, de corps, etc., etc. Sortez, du déni et du mensonge. Enlevez encore et encore ces voiles du mirage.

Lorsque vous quitterez ce corps physique, sera-t-il important que vous ayez été chef d'entreprise ou femme de ménage ? Avez-vous, fait une place à la vie en vous, dans votre famille ? Avez-vous accompagné vos enfants à travers la vie ? Où les avez-vous accompagnés à travers l'illusion que sans cette énergie, sans cette énergie de pouvoir, sans cette énergie de grandes études, cet être ne sera rien ?

L'éducation et l'hygiène à la Vie

Quelle éducation avez-vous faite auprès de vous et auprès des autres êtres pour la vie ?

Quelle hygiène, vous donnez-vous chaque jour et donnez-vous chaque jour à la vie ? Lavez-vous votre corps physique de multiples fois, lavez-vous vos corps énergétiques ?

Vous faites de grandes études où vous apprenez des illusions d'histoire qui ont existé ou non, des illusions de géographie qui existent ou non. Par exemple : pouvez-vous définir ce que vous pouvez nommer « votre territoire français » ? Vous pouvez le définir dans vos illusions, dans vos visions, dans ce qu'on vous a fait apprendre, voir visionner. Pouvez- vous dire que l'air que vous respirez actuellement est l'air de quelle origine ?

Vous apprenez, vous apprenez, vous apprenez, vous apprenez des illusions. Vous apprenez à vos enfants des illusions et il y a enfermement, il y a emprisonnement, créant la souffrance d'une nostalgie d'une énergie beaucoup plus vaste et beaucoup plus libre que ceci : l'hygiène dans la relation auprès des autres, auprès de votre humanité, auprès de vos animaux, auprès de la Vie, auprès de vos végétaux,

Vous devenez, de plus en plus, objetisé de votre propre champ mental. Vous venez à objetiser également maintenant la Vie et vous pouvez être dans l'illusion que vous deviendrez plus fort que la vie. La Vie est ce qui a construit votre monde mental, ce monde mental ne peut point détruire sa propre origine… car s'il détruit sa propre origine, il se détruira lui-même.

Nous vous invitons ce soir à une hygiène de vie, à une éducation pour vous.

Reprendre sa responsabilité dans la création

Vous souffrez tous, de la critique et du jugement. Or, vous critiquez chaque jour, vous jugez chaque jour, vous mentez chaque jour.

Nous vous invitons à écrire sur un cahier le nombre de mensonges que vous pouvez dire chaque jour, le nombre de critiques, de jugements que vous pouvez avoir chaque jour ; sans mettre à côté les justificatifs du pourquoi il y a critique ou jugement, etc.

Vous souffrez de ce que vous faites, vous souffrez de ce que vous créez.

Vous êtes la création de votre jugement et du jugement.
Non point, cher être, qu'il faille entendre qu'il n'y a plus à juger ou à critique, certes non. Venez simplement reprendre la réalité et la responsabilité que vous êtes, co-créateurs de ce qui se passe dans votre vie.
Ne venez point vous déresponsabiliser de ce que vous pouvez vivre, car vous créez à nouveau l'illusion de l'impuissance.
Ne venez point sous-estimer vos actions dans l'amour que vous portez, dans les prières que vous pouvez influer, dans les actions aussi minimes soient-elles que vous pouvez faire. N'oubliez pas que vous êtes une goutte dans cet océan d'infini.

Nous le répétons : vous changez une goutte, c'est l'océan entier qui change sa quintessence.

Reprenez la valeur de ce que vous êtes et nous vous remercions. (Silence)
Vous êtes invités à libérer au niveau de votre chakra gorge votre vérité, vos formes pensées, dans votre vérité afin que vous puissiez libérer le trop-plein d'énergie dans votre champ cérébral et revenir davantage dans une énergie au niveau de votre corps en venant libérer le chakra gorge par ce droit d'affirmer ce que vous êtes là où vous êtes, avec les formes pensées que vous êtes actuellement.
Il n'y a point de vérité. Il a de multiples facettes de la vie. La vie demeurera toujours un mystère.

Vivez ce mystère. Ne cherchez point à contrôler ce mystère et à en perdre la joie de vivre par le conditionnement de suivre tel ou tel chemin ou de faire telle ou telle action, car ceci vous amènera à être meilleur.

Vous êtes amour.

Nul besoin de cultiver actions et paroles pour retrouver l'origine de votre amour. Sortez des voiles de l'illusion et vous vous rappellerez l'Amour Lumière que vous êtes, l'unité lumière, l'unité divine que vous portez en vous.
Observez l'Autre tel un messager divin, venant vous apporter un message. Parfois, pourrions-nous dire « empoté »,» mal ajusté »,

mais voyez-le au-delà, et voyez l'étincelle de lumière. Ceci peut-être, comme « un postier »... Cessez de vouloir faire changer l'Autre.

Nous le répétons l'Autre est un mirage et un miroir de vous-même.

Si vous changez votre champ vibratoire et votre taux vibratoire, vous percevrez l'Autre d'une autre manière. Mais l'Autre demeurera ce qu'il est.

Vous ne changerez aucun être sauf vous. Vous ne changerez pas la vie.

Vous ne permettrez point non plus l'évolution de vous-même et l'évolution des autres êtres, en vous tapant dessus, en vous critiquant, en vous jugeant, en jugeant les autres, en les critiquant, en les tapant, en les forçant à devenir objet de vous-même.

L'origine de ces attaches, l'origine de ces possessions, l'emprise issue de votre karma, de vos peurs créées est l'illusion.

Une introspection sur vous-même, un retour à vous-même, un espace pour ramener et honorer la vie en vous, vous permettra de vous détacher de multiples peurs et en conséquence de multiples attaches. Nous vous remercions.

Vous êtes invité, à prendre une respiration de votre chakra de base à votre chakra couronne et de rentrer dans ce va-vient dans cette amplitude de respiration auquel vous respirez ce parfum d'amour, ce parfum de gratitude auprès de vous-même, ce parfum de bénédiction auprès de vous-même, ce parfum de satisfaction de ce que vous êtes, ce parfum de remerciements, de l'unicité et de la lumière de votre présence dans cette incarnation et sur ce plan terrestre de cette entité de la Terre-Mère.

Vous pouvez être comme un cheveu de la terre, uni à la terre contribuant à la beauté de cette terre. Lorsque vous vous maltraitez, c'est la terre entière que vous maltraitez.

(Silence)

Lorsque vous observez que vous pouvez mentir, réajustez de vous-même à vous-même. Observez la racine de ce mensonge, le pourquoi de ce mensonge. Souvent, vous observerez que le mensonge est une origine d'une toile d'araignée, d'un amalgame, d'un embrigadement d'une toile collective de l'humanité. Aussi, cher être, ne venez point portez l'entière responsabilité de vos actions, et observez l'alliance dans laquelle vous êtes et que cette alliance peut vous influencer dans un amour lumière ou vous influencer dans des miasmes énergétiques, d'un niveau plus inférieur.

Venez prendre le pouvoir de votre création et non point la toute-puissance de la création.

Nous vous remercions.

(Long silence)

Nous vous disons à bientôt.

Nous demeurons avec vous.

Demeurez dans l'amour et dans la lumière, à la présence de ce que vous

Channeling via la Vibration de Marie-Madeleine.
Le 18 mai 2015

Enseignement d'Emma

Vous êtes invité à fermer les yeux, et à laisser se diffuser cet enseignement dans tout votre corps. Simplement en observant : et si c'était vrai ?

Si je vivais dans un rêve et que ma vie n'était qu'un rêve.

Tout au fond de moi je peux être créateur de ce rêve. Je peux créer ma vie… Et si c'était vrai ?

Je vous invite à méditer sur ce possible.

L'illusion

Nous vous remercions. Rentrez dans cette présence auprès de vous-même, auprès de nous-mêmes en vous-même.

L'écoute intérieure pour rencontrer sa Vibration

Venez repérer, cher être, la sensation dans vos corps, lorsque nous sommes présents auprès de vous.

Car nous souhaiterions, nous manifester bien davantage dans vos vies et que vous puissiez repérer notre présence, lorsque nous sommes auprès de vous, que vous soyez sur vos toilettes ou à votre poste de travail.

Si vous sentez un brin de douceur en vous, ceci peut être notre signe de notre présence auprès de vous.

Si vous vous sentez enraciné dans la vérité, observez que ceci est notre présence auprès de vous.

Venez repérer, le langage que nous vous initions, afin que vous puissiez davantage, rentrer, dans cette communication auprès de nos énergies.

Nous vous invitons dans cette rencontre à vous mettre à disposition de votre écoute intérieure et que cette disposition, à l'écoute intérieure vous amène à vous poser. Vous ne pouvez point écouter, si vous ne vous posez point.

Cette écoute auprès de nous-mêmes vous amène à vous poser, à déposer, à arrêter ce que vous pourriez être en train de faire, pour vous rendre disponible à notre présence.

Cette disponibilité, cette mise au service de votre corps physique, mais également de l'entièreté de tous vos autres corps, vous amène alors, à vous poser, à vous enraciner, à vous dé-po-ser dans la nature même de qui vous êtes.

P : « J'ai reçu la réponse : que vous êtes tout le temps-là, c'est nous qui vous oublions parfois. »

MM : - Totalement. Observez comment vous avez reçu cette phrase chère être, car vous avez reçu non point qu'un seul mot, mais différents mots créant phrases, n'est ce point ? Observez comment, vous vous êtes connectée intérieurement, à ce que nous vous insufflons, car nous nous sommes adressés auprès de vous-même, cher être.

Nous vous assurons tous et toutes que nous respectons là ou vous êtes prêts à nous accueillir.

Nous vous invitons à lâcher, certaines croyances, certains témoignages que vous avez pu entendre, que nous pourrions apparaître auprès de vous, et vous donner un discours au milieu de votre nuit et que vous en soyez fortement dérangé, nul doute de ceci, vous pouvez ouvrir le champ de vos sens, nous respectons l'essence et la structure que vous portez, cher être. Que craignez-vous ?

P : - La peur de me tromper et de ne pas être juste dans mon écoute.

MM : - Votre recherche de justesse est une illusion. Vous courez après l'illusion. Lâcher prise ceci reviendrait à grandement vivre, que vous soyez dans une illusion ou dans une autre illusion. Nous comprenez-vous ? Pourquoi recherchez-vous la justesse ?

P : - Parce que je n'y suis pas.

MM : - Vous n'êtes point dans la justesse cher être, est-ce un problème ?

Est-ce que ceci vous empêche de vivre ? Est-ce que ceci vous empêche de réaliser, de vous lever le matin, de manger, de rentrer en relation auprès des autres êtres, de vous coucher le soir, de dormir, de conduire, de méditer de parler, de lire. Est-ce que ceci vous empêche de vous réaliser, sur ce plan d'incarnation ?

P : - Non.

MM : - Pourquoi courez-vous auprès de cette justesse ?

P : - Je ne sais pas.

MM : - Pouvez-vous lâcher prise sur la justesse. Vous êtes obnubilée, il faut que je sois juste, n'est-ce point ?

P : - Mais c'est assez présent.

MM : - Comme une autre personne pourrait chercher sa cigarette, n'est-ce point ?

P : - C'est une drôle de comparaison.

MM : - Nous vous invitons à le regarder de près. Où est ma justesse ? Il me faut ma justesse, si je n'ai pas ma justesse cela ne va pas aller, n'est ce point ? « Il me faut mes cigarettes, si je n'ai pas mes cigarettes cela ne va point aller n'est ce point ? » Pouvez-vous regarder ceci ?

P : - Oui.

MM : - Lorsque vous rentrez dans cette compulsion de la justesse, vous touchez les mêmes énergies, chère être, que d'autres êtres qui compulsent sur autre chose. Votre compulsion est toute aussi handicapante. Que ressentez-vous lorsque nous vous partageons ceci ?

P : - Je dirais un sourire dans un peu de désarroi.

MM : - Nous vous remercions, car ceci vient révéler le lâcher-prise, n'est-ce point, de vous abandonner au vide.

L'illusion

Nous vous remercions. Ainsi, rentrez dans cette présence auprès de vous-même, auprès de nous-mêmes en vous-même.

Vous cherchez à vous accrocher à une illusion, car vous êtes apeurée, du vide cher être, du vide de notre présence.
Or, dans ce vide, nous sommes présents, nous sommes immensément présents, dans ce vide.

Que se passerait-il si je tombe dans les bras de l'éternité, je ne pourrais point accueillir autant d'amour, n'est ce point. Nous comprenez-vous ?

Ainsi, je ne m'abandonne point dans le vide d'amour. Nous comprenez-vous ?

Je ne m'abandonne point dans l'éternité, ceci est trop pour moi, ceci viendrait ensuite réactiver des illusions, des croyances auxquelles vous pourriez vous accrocher, je ne mérite point, ceci n'est point pour moi, etc., etc. Des scénarios que vous connaissez fort bien n'est ce point, afin de demeurer accrochée à ne point tomber dans la marmite. Nous comprenez-vous ?

Quel est le danger de tomber dans la marmite, chers êtres ?
Quel est le danger de vous sentir baigné de nos énergies ?

Quel est le danger de vous noyer d'amour ?
Quel est le danger ?
Quel est le danger de venir ressentir notre présence éternelle, maintenant ?
Quel est le danger d'y croire ?
Quel est le danger de ressentir ?
Quel est le danger de vous laisser tomber dans ce vide ?
Or, vous êtes déjà dans ce vide, car dans ce vide ce que vous pouvez nommer terre est tout aussi illusoire que votre corps physique.
Ceci est simplement un vide dans un vide.
Ceci est simplement un tout dans un tout.
Ceci est grandement, totalement dans l'illusion.
Vous êtes illusion,
N'oubliez point cher être, qu'une personne vous regarde et une seconde personne vous regarde, et ces deux personnes ne voient point le même être, pourtant ces deux personnes ont le regard tourné sur vous.
Ils ne vous verront point pareils physiquement.
Ils ne vous verront point votre corps émotionnel de la même manière.
Ils ne vous verront point votre corps mental de la même manière.
Ils ne vous verront point votre de lumière de la même manière.

Car vous êtes simplement, une illusion d'un miroir deux-mêmes.

Il en est de même pour tout ce qui est de la création divine : l'illusion, l'illusion, l'illusion, l'illusion.

Vous êtes simplement dans un jeu d'illusion, toutes vos incarnations sont des jeux d'illusion.

Vous vous attachez à une miette d'une illusion, d'une illusion, d'une illusion de la grande illusion de la vie. Vous avez créé une bulle terrestre illusoire pour penser que vous n'êtes plus dans le vide.

Vous êtes dans le vide.

Pouvez-vous sentir l'illusion, chère être, pouvez-vous sentir que vous êtes simplement des formes illusoires, pouvez-vous sentir le pouvoir alchimique de vos formes illusoires ?

P : - Je peux les sentir oui, mais la question c'est que je me dis à certain moment que, quelle que soit l'illusion, dans l'illusion qui est illusion, on a des besoins physiques, basiques, manger dormir. »

MM : - Si vous vous identifiez à une illusion, cette illusion vous ouvrira des besoins. Vous vous êtes identifié cher être, prenons l'exemple à l'illusion de votre corps physique, ceci vient dans le jeu créer des besoins de boire, de manger de dormir.

Lorsque cet autre être est attaché à l'illusion de la justesse, cela vient créer des besoins de perfection, d'alignement, d'apprendre à parler, apprendre à se comporter, etc.

Si vous n'êtes point dans l'illusion de la justesse, vous n'êtes point dans la pression de savoir parler ou non, de savoir vous comporter ou non, n'est ce point ?

Si vous n'êtes point dans l'illusion de votre corps physique, vous pourrez, rester un laps de temps sans dormir n'est ce point ?

Nous ne vous demandons point de dénigrer l'illusion de votre création, nous vous invitons cher être à venir l'honorer, mais à venir la considérer sans vous perdre dans l'illusion.

Nous reprenons l'exemple souvent que nous abordons du cinéma de vos vies. Observez que vous êtes acteur dans un film, que vous avez vous-même créé, n'est ce point ? N'oubliez pas que vous êtes acteur et que cet acteur sorti de son film est un autre personnage n'est ce point. ?

P : - Oui.

Soyez l'acteur, sans vous perdre
dans l'acteur.

---

*Soyez le réalisateur, sans vous
perdre dans le réalisateur.*

*Soyez l'illusion, sans vous perdre
dans l'illusion.*

MM : - Nous comprenez-vous ?
P : - Est-ce que Dieu est une illusion ?
MM : - Nous sommes illusions…
Nous sommes autant illusion que vous-même, cher être. Et pourtant, nous vous parlons et nous sommes tout aussi vivants que vous-même. Nous comprenez-vous ?
P : - Oui.

*Nous sommes cette illusion vivante.
Nous sommes le vivant illusoire.*

*Vous êtes cette illusion vivante.
Vous êtes le vivant illusoire.*

*Dieu est tout aussi vivant que vous.
Dieu est tout aussi illusoire que vous.*

P : - Qu'est-ce qui n'est pas illusion ?

MM : - Tout- est - il-lu-sion.

P : - Mais l'illusion est souvent associée au mot faux…
MM : - Et ceci est d'une grande illusion. (Rires)
P : - En fait, il faut accepter l'illusion, c'est tout. C'est un fait, enfin c'est un peu compliqué, mais… elle est très bien faite en tout cas.
MM : - Totalement. **Ceci permet de vous révéler à votre propre lumière.** Parce qu'illusion, illuminer. (Rires)

Observez également, le feu de la joie de la lumière que vous portez cher être, dans cette joie de vouloir comprendre l'illusion et que la compréhension est illusoire de ce que vous voulez comprendre de l'illusion (rires) et que vous êtes fort heureux de vivre ceci n'est ce point ?

Ceci, cher être peut vous amener, auprès de votre valeur, votre sacré et auprès de votre responsabilité.
Percevez que vous pouvez être illusion, vous invite à venir accueillir et accepter cette illusion, à l'honorer, sans vous y, identifier, mais en la respectant et en la vivant.

Reprenez l'exemple d'un acteur de votre cinéma, cet acteur ne s'identifie point à son personnage, cependant il respecte son personnage, en vivant pleinement son personnage, pour avoir un oscar.

Il en est de même pour vous, vivez l'illusion que vous avez choisie de vivre, et lorsque cette illusion sera trop pesante, changez d'illusion.

Il en est de même pour un livre, lisez, quand ce livre ne vous plait plus, changez de livre.
Nous sommes à nouveau à vous le répéter, ce qui est créé dans la petitesse et également crée dans la grandeur.
Ainsi il n'y a point de différence de fonctionnement auprès de votre manière de relationner :
Auprès d'un livre,
Auprès d'un meuble, etc., etc.
Qu'auprès d'une pensée,
Qu'auprès d'un sentiment,
Qu'auprès d'un corps,
Qu'auprès d'une vibration de lumière.
Il n'y a point de différence de relationner dans le corps de la matière que dans le corps du subtil.
Il n'y a point de différence de relationner auprès des êtres, incarnés auprès de vous et des êtres plus subtils, auprès de vous.
Il n'y a point de différence.
Il n'est point différent, de faire un gâteau pour quatre personnes ou de faire un gâteau pour 20 personnes. Le processus et le même.
Il n'est point différent, de gérer l'énergie de l'argent auprès d'une petite somme que d'une grande somme.

Il n'est point différent de gérer, votre corps, lorsque votre corps avait une taille de un mètre que lorsque votre corps a une taille de 1 mètre 80.

Nous comprenez-vous ?

Que ressentez-vous ?

P : « Moi je sens que je n'ai pas tout compris, mais cela m'inquiète un peu quelque part. Ce qui est inquiétant c'est justement ce vide, toute est illusion et que du coût ça ramène à quoi ? Au vide, à l'éternel. À l'éternel, qui lui n'est pas... »

MM : - Qui lui est une illusion (rires)

P : - Je n'osais pas le dire.

MM : - Pourquoi ceci n'est point simple ?

P : - Parce que ce n'est pas du tout le mode de pensées que j'ai, ce n'est pas du tout ce qu'on a appris, en tout cas cela me fait peur.

MM : - Car, vous touchez votre pouvoir créateur.
Vous touchez votre responsabilité.
Vous touchez l'alchimiste en vous-même.
Vous touchez le magicien en vous-même.
Vous touchez ce potentiel auprès de vous-même, de la création.
Vous touchez, la connaissance sacrée de créer l'énergie.

Avez-vous questions ?

P : « - Qu'elle est la finalité, de baigner dans toutes ces illusions ?

MM : - La réalisation de vous-même, cher être.

La réalisation de vous, la réalisation de devenir ce vide, la réalisation de devenir votre lumière.

P : - À force d'expérimenter que tout cela n'existe pas.

MM : - Totalement. De vous détacher de l'illusion, tout en vivant de l'illusion. Vous touchez la profondeur du système divin.

P : - La lumière est le vide.

MM : - Totalement.

P : - La lumière est où est/ou et le vide.

MM : - Totalement. Vous avez saisi que rien n'est grave.

P : - Tout va bien.

MM : - Totalement.

Le sacrifice n'existe point.

La souffrance n'existe point.

Tout est illusion.

Il n'y a rien à sacrifier.

La souffrance est une illusion.

Vous touchez à la fois la puissance de qui vous êtes et l'impuissance de qui vous êtes.

Vous touchez le pouvoir de votre création.

Avez-vous questions ?
P : - La question qui me vient, c'est l'enjeu de la responsabilité.
MM : - Quelle est votre question ?
P : - Si tout est illusion et qu'effectivement la lumière est vide, qu'elle est chacune de nos responsabilités dans la cocréation ?

La responsabilité de créer votre illusion est que vous pouvez créer votre souffrance et vous pouvez créer votre bonheur.

Votre responsabilité est de créer votre vie actuelle.

Votre responsabilité est de créer ce que vous êtes actuellement.

Votre responsabilité est que, ce que vous êtes actuellement, n'est rien d'autre que votre propre création unie à la lumière.

MM : - Personne d'autre, cher être, n'est responsable ou coupable de ce que vous vivez actuellement. Vous l'avez créé, vous l'avez choisi. Comprenez-vous le sens de la responsabilité ?

P : - J'avoue que je comprends.

MM : - Mais ceci n'est point intéressant pour vous, n'est ce point ?

P : - Je vais laisser mûrir, parce que derrière, cela me renvoie à l'enjeu de la confiance.

MM : - Quelle est votre question face à la confiance ?

P : - Jusqu'où finalement, on se laisse baigner dans l'éternité, puis de quelle manière, voilà, est ce qu'on se laisse complètement baigner et finalement les choses se font telles qu'elles doivent se faire puisque tout est illusion, et soyons juste responsable de conduire et de rechercher le bonheur quoi.

MM : - Vous recréez cher être, votre vie en venant rencontrer que ce que vous vivez est illusoire et à vous reconnecter à la source même de votre illusion, afin que cette source même d'illusion, vous puissiez alors changer le courant de votre illusion.

Ainsi vous pouvez certes vous battre, rentrez dans des accusations, donner votre pouvoir à l'extérieur qui est totalement une autre illusion, mais vous pouvez aussi reprendre que ce que vous êtes en train de vivre est un grand cinéma, que toute votre vie est un grand cinéma.

P : - C'est chouette, cela est un grand terrain de jeu !

MM : - Totalement.

Vous choisissez ce que vous désirez vivre.

P : - C'est cela notre chemin de vie, c'est de choisir ?

MM : - Nous ne résumerions point que le chemin de vie est simplement de choisir, ceci en tous les cas est un possible pour rédiger, l'illusion de votre vie, telle que vous aimeriez qu'elle soit. Nous vous remercions.

Ainsi nous vous amenons dans une profondeur auprès de vous-même, afin que vous puissiez cesser de vous battre contre du vent, de venir accuser tel ou tel personnage issu de votre création dans votre vie, auquel ceci brasse toujours du vent pour maintenir votre illusion, ou pour venir nourrir, une illusion dans votre illusion.

Mais au final, vous vous perdez dans les illusions de vos illusions et vous tournez en rond

P : - Cela me rend un peu triste, au début j'étais très gaie, maintenant cela me rend un peu triste que Dieu aussi, mais en ce moment j'ai grand besoin de cette illusion de Dieu.

MM : - Restez dans l'illusion divine, car vous êtes fait d'illusion. Dieu est autant illusoire que ce que vous êtes là dans ce corps physique, dans cette ombre, dans cet œil, dans ce cheveu.

Ainsi, venez considérer Dieu comme vous vous considérez vous-même dans ce que vous êtes.

Vous considérez un arbre sur cette terre qui est fort sacré, ainsi considérez Dieu qui est fort sacré, cependant voyez Dieu, comme l'arbre illusoire, car vous êtes divin. Ainsi si vous êtes illusion, comme vous êtes divin, le divin est aussi illusion ?

P : - L'illusion n'empêche pas le divin c'est ça.

MM : - L'illusion est divine.

Avez-vous autre question ?

P : - Moi, je me suis souvent perdue en rêves ou en cauchemars ou en sensations dans le grand vide, une sensation d'être seule à errer dans le grand vide, marre de l'espace.

MM : - Qu'elle est votre question ?

P : Du coup, c'est quand je suis dans cette vision là, dans cette illusion là de moi, où est ce que je vous trouve ?

MM : - Nous sommes tout autour de vous. Pouvez-vous nous dire, qu'est-ce que le noir ?

P : C'est la solitude extrême.

MM : - Non point ceci, quelle est la couleur noire, quelle est la couleur blanche ? Quel est le blanc, de quoi avez-vous besoin pour créer du blanc ?

P : - La lumière.

MM : - De toutes les autres couleurs, n'est-ce point ?

P : - Oui.

MM : - De quoi avez-vous besoin pour créer le noir ?

P : - D'aucune couleur.

MM : - Totalement, de la pureté. De la pureté, de l'épuration, du rien, de la pure-té. Ainsi, lorsque vous êtes dans le noir que vous dites, vous êtes dans la pureté, vous êtes épurée... de tout. N'est-ce point ce que vous cherchez ?

P : - Oui.

MM : - Vous êtes alors là, où vous désirez être, n'est-ce point ?

P : - Pourtant c'est angoissant.

MM : - Totalement. Car nous vous invitons, au travers ces rêves de sortir de la compulsion de la pureté. Vous aspirez à la pureté, nous vous amenons dans des espaces de pureté, probablement cher être, pour vous inviter, à revenir dans du plein, à revenir, dans la matière.

P : Merci.

MM : - Nous vous remercions. Est-ce que tous les êtres ici présents ont acquis ces enseignements ? Est-ce clair pour tous ?

P : - Oui, est-ce que je peux encore poser une question, quel est l'enjeu de cette illusion dans sa finalité ?

MM : - Certes, l'illusion.

La finalité du mental est le mental

La finalité du corps est le corps.

La finalité du divin est le divin.

La finalité du chemin est le chemin.

La finalité de la lumière est la lumière.

La finalité de l'ombre est l'ombre.

La finalité de l'illusion est l'illusion.

La finalité du salut avec un grand S est donc la finalité : le salut
La finalité d'un remerciement est un remerciement.
La finalité de boire est de boire.
La finalité de parler est de parler.

Ceci est fort simple. Lorsque, vous vous éloignez du but de la finalité de ce que vous faites, vous vous égarez. Lorsque vous vous éloignez que la finalité du remerciement est le remerciement et que vous attendez autre chose que le remerciement lorsque vous-même vous remerciez, ceci n'est plus la finalité de votre remerciement, et vous vous égarez.

Il en est de même, pour tout le reste, du fonctionnement de ce que vous êtes.

La finalité d'un être humain est un être humain. Ceci est pourquoi, un autre être humain s'incarne dans le premier être humain, car la finalité est d'être un être humain.

La finalité du tout est le tout.

La finalité de ce que vous êtes est, ce que vous êtes.

Ainsi, vous êtes sur le chemin et sur le but en même temps.

Vous êtes ce que vous êtes, et le but est que vous soyez ce que vous êtes.

Vous êtes le chemin et le but.

Vous êtes l'illusion et celui qui vit l'illusion.

Vous êtes le divin est celui qui vit le divin. Vous êtes divin, vous êtes sur le chemin de votre divinité.

P : - Y a-t-il une finalité de l'âme ?

MM : - De réaliser l'âme. Cependant, l'âme est également une illusion.

La finalité de l'âme est de se réaliser dans l'âme de ce qu'elle est, ainsi de vivre, ce que vous avez à vivre.

P : Et la conscience dans l'idée de progresser vers plus de conscience ?

MM : - Qu'elle est la question ?

P : - Comme tout est illusion, je crois que mon chemin consiste à entrer dans plus de conscience dans ma vie et à partir du moment où tout est illusion, quel est le rapport de l'un et de l'autre ?

MM : - Que vous allez éveiller votre conscience à ce que ce soit illusion. Que vous allez comprendre l'illusion. Que votre champ de conscience va voir l'illusion. Que votre champ de conscience va vivre l'illusion. Que votre champ de conscience va incarner l'illusion. Que votre champ de conscience va jouer le jeu de l'illusion et voir la parfaite divinité et joie de vivre de l'illusion.

P : - Cela veut dire que ; d'un niveau plus conscient, on peut être conscient qu'on vit dans l'illusion.

MM : - Totalement, ceci s'appelle un éveil. »

Participants : - Merci, merci beaucoup. »

**Channeling via la Vibration de Marie-Madeleine.
Le 1ᵉʳ mai 2016, à Solèna**

L'enseignement d'Emma

L'illusion est tout ce qui est…

Installez-vous confortablement et fermez les yeux. Laissez résonner ces enseignements dans votre cœur.

Laissez-vous ressentir ce qui vient d'être lu.

Vous êtes au cœur de l'illusion de ce que vous êtes.

Méditez dessus.

Éveil de conscience au jeu divin

Enracinement et centrage

Déposez vos mains sur votre haras et de visualisez, un océan de lumière bleue. Cet océan de lumière s'étend, s'étend, s'étend, s'étend, s'étend, s'étend en abondance dans votre matrice rayonnante.

Dans ce rayonnement matriciel, nous vous invitons à définir les qualités, dans lesquelles, vous avez été amenés à émaner ces derniers instants de votre temps terrestre. Déposez ces qualités dans votre matrice et laissez l'océan se déverser tout autour de vous dans votre essence. Nous vous remercions...

Entendez cher être, ressentez l'abondance de cet océan d'émanation de vos potentiels...

Prenez un temps de quelques secondes à quelques minutes à être dans cette présence de cette qualité et de cette émanation à travers votre hara, dans cet océan bleu d'éternité...

Vous y toucherez la verticalité et la sérénité dans la verticalité...

Vous y découvrirez une puissance d'enracinement, par la prestance de l'émanation de cet océan d'Amour et de Lumière, quelles que soient les couleurs de la lumière dans laquelle vous teintez cet océan. Rayonnez dans l'essence de ce que vous êtes...

Vous touchez alors, un espace de vulnérabilité à vous offrir dans ce que vous êtes et à vous laisser toucher dans ce que vous êtes.

Cet océan d'Amour est ce que vous êtes.

Vous offrez à vous-même le monde dans lequel vous œuvrez certes, mais dans lequel vous avez votre propre forme et votre propre vision de ce que vous percevez à l'extérieur de vous qui n'est, nous le répétons, qu'une vision limitée et une représentation filtrée auprès de vous-même.

La vision illusoire

Ce que vous nommez monde est une vision illusoire et une projection de vos propres croyances, de vos propres fantasmes, de vos propres injonctions, de vos propres besoins

de création afin de répondre à l'évolution de votre essence. Cependant, même l'essence n'est qu'une illusion de ce que vous êtes.

L'essence n'est qu'un fluide de l'immensité de ce qui est : vous êtes invités par l'émanation de cet océan à approfondir votre enracinement énergétique, afin d'élever votre puissance de votre champ de conscience à ouvrir plusieurs sphères en vous pour pouvoir poursuivre le voyage dans lequel vous êtes invités à venir déguster afin de sortir de vos voiles et de vos illusions, afin de pouvoir demeurer sur ce plan terrestre sans vous identifier à ce que vous êtes, à ce que vous faites tout en pouvant poursuivre l'œuvre que vous émanez.
Vous êtes invités par la conscience, à vous désidentifier, non point dans la dualité de certaines parties de vous- même, mais, dans la désidentification à ce que vous êtes, car ce que vous êtes est tout aussi irréel que ce que vous faites.

Vous êtes un vent énergétique auquel il y a amusement à venir vous identifier, à venir jouer certains rôles, certaines prestations simplement dans un jeu pour la maturité de vous-même.

Certes, il pourrait y avoir sensation d'être usurpé, d'être frustré, d'être vexé lorsque vous pouvez vous apercevoir de la supercherie que vous avez créée, que nous avons cocréé auprès de vous.
Cependant, cette supercherie est une forme d'illusion dans votre corps, ainsi, vous êtes ce que vous êtes et vous ne pouvez point fuir ce que vous êtes. Il n'est point à rejeter ce que vous êtes en refusant de vous identifier, en refusant d'être simplement une illusion, car vous êtes une illusion.

Refuser d'être une illusion est une illusion du rejet de l'illusion.

Rencontrez ce que vous êtes, en vous désidentifiant de ce que vous êtes. Tel est ce que nous pourrions nommer le programme au sein même de votre structure matricielle, car la structure matricielle vous habitant est une des projections de votre monde.

Ainsi, plus vous pourrez vivre dans votre matrice, en vous désidentifiant de votre matrice, plus vous pourrez vivre dans ce monde en vous désidentifiant de ce monde auquel vous pourrez alors demeurer tout en étant dans ce que certains maîtres appellent pleine conscience.

Les émotions : conséquences de notre identification

Ceci amènera un nettoyage de multiples émotions.

Les émotions sont simplement une conséquence de l'identification à ce que vous êtes, à ce que vous croyez être, venant alors éveiller certaines émotions à ce qui est.

Lorsque vous prenez exemple : de prendre le recul sur un écran de cinéma de ce qui se passe, que vous avez ce discernement que ceci ne vient point en miroir de vous-même, que ceci est une illusion, vous pouvez alors visiter ce qui se passe tout en pouvant demeurer dans un point de conscience à l'intérieur de vous, détaché de ce qui est, tout en étant présent à ce qui est.

Pour ceci la désidentification au sein même de la matrice : vous invitez alors votre matrice illusoire, tout en étant conscient de l'illusion, mais en demeurant dans l'illusion, en acceptant l'illusion, car même si vous ne savez point ce où vous amènera l'illusion, vous portez dans votre verticalité la foi et la confiance que vous servez votre divinité, car vous n'êtes rien d'autre que votre divinité. Votre divinité vous habitant, la divinité étant…

MM : « Nous comprenez-vous ?

Groupe : - Oui !

MM : - Que ressentez-vous ?

P : - Est-ce que quand on ressent une émotion, cela veut dire qu'on est dans l'illusion ?

MM : - Vous êtes dans l'illusion.

L'émotion fait partie de l'illusion, de votre champ personnel, et la divinité vous habitant ne porte point d'émotion.

L'émotion est une création issue d'une illusion de vous identifier à un corps, à un nom, à un prénom, à un genre, à une croyance, à une pensée, à un tout autre bénéfice dans lequel, vous vous illusionnez, dans lequel, vous vous réduisez à ceci.

Lorsque vous vous réduisez à ceci, vous limitez vos champs de perception, vous limitez également non point la divinité vous habitant, mais la perception de la divinité vous habitant.

Nous comprenez-vous ?
Prenez exemple de la maturité de vos enfants : un enfant perd son crayon, observez que ceci est une « catastrophe » pour cet enfant, n'est ce point ? Dans la maturité de qui vous êtes, il n'y aurait point catastrophe, dans le positionnement que vous pourriez avoir vis-à-vis d'un crayon, nous comprenez-vous ? Il en est de même, dans vos autres champs énergétiques auquel à un niveau de vos perceptions, ceci est une catastrophe et dans la puissance de votre maturité énergétique vous habitant ceci est un fait.

Plus vous rencontrez le centre et le cœur matriciel vous habitant, plus vous vous bercez dans ce centre d'Amour Lumière et vous y demeurez. Plus ceci vous permettra de vous désidentifier à ce qui est, et de prendre du recul, tel le parent voyant son enfant catastrophé d'avoir perdu le crayon qui est souvent à trois mètres de lui, nous comprenez-vous ? Il en est de même pour certains autres comportements dans votre vie pour lesquels vous portez des perceptions immatures dans votre champ de conscience.

Vous êtes appelés à poursuivre l'élévation de ce champ de conscience par le centrage dans la matrice : vous y découvrirez l'univers et votre divinité vous permettant alors de redonner la justesse de ce que vous êtes.

La désidentification

Vous pourrez alors, pas à pas, jongler dans vos espaces vibratoires, et assumer dans votre matière ce qui a besoin d'être assumé tout en vous désidentifiant de ce que vous avez à assumer.

Vous comprendrez que ce que vous
assumez dans la matière n'est

simplement qu'un fluide énergétique mis au service de la divinité pour répondre à votre divinité.

Vous comprendrez que votre corps n'est qu'un outil auprès de la lumière.

Vous comprendrez que votre vie n'est qu'un outil auprès de votre lumière.

Ainsi, lorsque vous touchez la conscience que votre vie n'est qu'un outil de lumière : tout ce qui peut se produire dans votre vie ne sont que des outils de production de la lumière,

Vous pouvez alors vous désidentifier de ce qui se passe dans votre vie, car votre vie est dédiée.

Vous vous désidentifiez de la manière de ce que la vie vous apporte, votre vie n'est qu'un outil auquel tout ce qui se passe dans votre vie ne sont que des sous-outils de votre outil.

Le non faire dans le faire-vivre.

MM : « Que ressentez-vous ?
P : - Un peu de confusion…
MM : Partagez la confusion…
P : - Il y a une part de moi qui comprend bien et il y a une autre part qui rame parce que ça bouleverse plein de repères et qui entend les pièges, comme si on n'avait rien à faire en fait dans notre vie. Ça dans le quotidien, je ne sais pas trop comment l'appliquer…
MM : - Ce que vous auriez à faire est de dédier l'outil que vous êtes à la lumière.

Pour ceci, cher être, il y a à éveiller le champ de conscience, car ce que vous nommez dans votre champ de conscience « rien à faire » n'est point au niveau vibratoire de là où nous vous amenons dans le point de non faire.

Ainsi, lorsque vous touchez, naturellement, par votre plan de conscience le non-faire, vous perdez la notion qu'il y a certes quelque chose à faire, car vous le faites au moment où vous le faites.

Ceci se fait naturellement, ceci se fait aussi naturellement que votre corps respire.

Votre corps ne fait pas que respirer, votre corps respire.

Cependant, votre corps fait quelque chose dans le champ de conscience que vous voyez, n'est-ce point ? Dans le champ de conscience de votre corps : votre corps respire, votre corps ne fait point... votre corps respire, comprenez-vous la différence ?

P : - Oui…

MM : - **Lorsque vous êtes à œuvrer… que vous touchez ce point de conscience dans votre vie, que VOUS FAITES LA DIVINITÉ, vous touchez le point qu'il n'y a rien à faire, car la présence même de vivre fait que vous engendrez la divinité.**

Cependant, il y a à vivre et de vivre n'est point de ne rien faire.

Vous ne faites point de vivre, vous vivez, comprenez-vous ceci… telle votre respiration qui respire, ainsi votre respiration ne se pose point la question : est-ce que je respire ? Vous ne vous posez point la question : est-ce que je vis ? Vous vivez… Nous comprenez-vous ?

PAR LE FAIT MÊME QUE VOUS VIVEZ, VOUS FAITES.

C'est dans cet espace que vous touchez le non-faire dans le fait de faire.

Avons-nous répondu à votre confusion ? Que ressentez-vous ?

P : - Une compréhension… avec la pensée de me dire : pour tendre vers ça, concrètement, vous nous avez dit d'éveiller nos consciences en lien avec le hara.

MM : - Centrage. Totalement… Ce centrage dans votre divinité vous ouvre alors immédiatement le discernement et la prise de recul D'ÊTRE DANS LE FAIRE, DE FAIRE DANS L'ÊTRE, SANS ÊTRE, NI FAIRE. Avez-vous questions ?

L'acceptation de l'illusion

P : - Est-ce que l'acceptation est l'outil pour prendre le chemin ? Est-ce le bon outil ?

MM : - **L'acceptation peut être utile sur votre chemin lorsque vous vous apercevrez que vous êtes illusion d'accepter l'illusion.**

Car certains êtres, voyant l'illusion, refusent d'être illusion, refusent d'être ce qu'ils sont et manifestent une opposition à l'illusion, nous comprenez-vous ? Créant une sous-illusion, nous comprenez-vous ?

L'acceptation, cher être, est un outil fort utile lorsqu'il y a rencontre auprès de vous-même de venir accepter ce que vous êtes. Cependant, nous vous écoutons… désirez-vous poursuivre ?

P : - *Quand je parlais d'acceptation, je pensais aux épreuves qui peuvent arriver où je peux avoir la tendance de me révolter ou de lutter etc. ou je peux dire : « eh bien voilà, c'est cette situation que j'ai à vivre, je la vis, je la laisse se vivre quelque part » c'est à cela que je pensais…*

MM : - Totalement, nous vous invitons à venir accueillir ce que vous avez à vivre. Tout en pouvant manifester et dire ce qu'il y a à dire sans vous identifier à ce qui est. L'acceptation ne veut point dire le silence, ne veut point dire le refoulement…

Vivre dans la conscience d'être Lumière

P : - Moi ce qui m'a interpellé, c'est tout le paragraphe sur le « faire », parce que sur Terre on vient et j'ai le mot « obligé de travailler » qui me vient, je travaille beaucoup, je suis beaucoup dans le « faire » et je souhaiterai diminuer et c'est l'inverse qui se produit ; il y a abondance de travail, abondance de « faire ». Donc je me pose la question, faut-il simplement accueillir ? Mais, j'ai envie de dire, y'en a ras-le-bol !

MM : - Nous vous invitons à vous poser la question : Pourquoi acceptez-vous autant ces « faires » ?

P : - Je me sens obligée.

MM : - Pourquoi acceptez-vous autant ces « faires » ? Pourquoi nourrissez-vous cette obligation ? Vous avez créé cette obligation. Cette obligation vous a été utile. Pourquoi poursuivez-vous à demeurer dans un système pouvant maintenant vous enfermer, et de ne point osez déployer un autre système de croyances vous permettant alors de rentrer dans des libérations émotionnelles, mais aussi dans d'autres libérations de vastitude de votre énergie, pour manifester la Lumière que vous êtes et cesser de retenir cette Lumière...

Il y a peur du changement. Peur d'une nouvelle vie. Peur d'une vie avec de nouvelles donnes, de nouvelles croyances, de nouveaux principes basés sur la reconnaissance de la Lumière en vous.

Imaginez que vous vivez par le principe de base par la reconnaissance de votre Lumière en vous. Non point par le principe de l'obligation ; non point par le principe de la retenue ; non point par le principe de la peur ; non point par le principe de faire plaisir à l'autre, illusion de nous-mêmes ; non point par le principe de l'enfermement. Mais votre principe est la reconnaissance et la considération de la divinité.

Imaginez cher être, que vous seriez dans cette reconnaissance de la Lumière en vous, feriez-vous ce que vous faites actuellement dans votre vie ?

P : - Non

MM : - Vous pouvez manifester la possibilité de rentrer dans la considération de la Lumière en vous. Non point les lumières de votre personnalité, qui sont forte également lumineuses et magnifiques, mais dans la lumière de votre divinité. Car vous êtes issue de la Lumière. Toutes vos obligations, toutes vos contraintes, sont issues du principe même de la Lumière.

Rien ne peut être créé sans la divinité de votre Lumière.
Vous retrouvez dans la matrice, le principe de la création.
Toute création est dans le principe de votre lumière émanante.

Nous vous avons amenés, au début de cet enseignement, dans une vastitude dans laquelle nous souhaiterions, pas à pas, vous faire vivre. Pour certains dans un quotidien, pour d'autres par moments dans votre vie.

Toutes ces transmissions à un niveau divin de votre champ sont les mêmes à un niveau divin plus réduit de votre vous-même.

AINSI L'INFINIMENT VASTE EST TOUT AUSSI TANGIBLE ET SUR LES MÊMES PRINCIPES QUE L'INFINIMENT MATIÈRE QUE VOUS ÊTES.

Avez-vous questions ?

La divinité

P :- J'ai besoin de plus d'explications sur la divinité. Est-ce que la divinité est propre à chacun ? Est-ce que c'est quelque chose qui nous ai donné ?

MM : - Vous êtes divin. Ceci est à la fois donné. Ceci est à la fois ce que vous êtes, et ceci est tout ce que vous êtes. Cependant, l'identification à ce que vous croyez être ou à ce que vous faites limite le champ de conscience de la perception de la divinité dans ce qui est.

Vous êtes la divinité. Lorsque vous cherchez une définition de la divinité, nous vous inviterions à dire « Regardez-vous ». Nous comprenez-vous ?

P : - Oui.

MM : - Avons-nous répondu à votre question ? Que ressentez-vous ? Il y a telle, comme fuite dans l'énergie. Lorsque nous vous parlons de votre propre divinité. Telle, nous lisons, une peur de reconnaître votre divinité.

Lorsque nous vous partageons le monde divin, il y a telle fuite. Que ressentez-vous lorsque nous vous partageons ceci ?

P : - Je ressens que c'est juste.

MM : - Pourquoi fuyez-vous votre propre divinité ? Pourquoi percevez-vous la peur de vous-même, de la divinité auprès de vous ? Pourquoi abandonnez-vous votre divinité ? Pourquoi ne rayonner vous point votre divinité ? Pourquoi laissez-vous les autres rayonner leur propre divinité et ne rayonnez-vous pas votre propre divinité ? Il y a de la place pour tout le monde. Pourquoi touchez-vous cette tristesse lorsque vous pouvez être face à la lumière vous habitant ? Vous touchez ces pleurs, comme-ci ceci est trop beau pour vous, cependant vous êtes ceci.

Ceci n'est point trop beau pour vous, ceci est vous-même.

Nous comprenez-vous ?
Nous vous invitons à venir réapprivoiser la Lumière vous habitant. Nous lisons dedans vos corps qu'il n'y a plus de fuite, cependant nous vous invitons, si vous le choisissez, de méditer sur votre rayonnement et lorsque vous voyez la lumière de votre rayonnement apparaître, de ne point la fuir, mais de venir pas à pas la réapprivoiser. Que votre Lumière n'est point trop pour vous. La puissance de votre émanation est divine. La puissance de votre émanation n'a point détruit...

Vous avez dans de multiples incarnations assumé ce que vous pouvez nommer « missions de vie ».

Il n'y a point eu destruction avec votre Lumière. Il y a eu modification de certains aspects du monde illusoire qui était co-créer. Nous comprenez-vous ?

Votre lumière ne détruit point. Votre lumière modifie, votre lumière construit, votre lumière appelle à des changements.

P : - J'ai du mal à me représenter d'émaner ma lumière dans chaque moment dans cette vie sociale en tout cas ?

MM : - Car ceci n'est point une représentation, ceci est un fait. Ceci serait comme demander à votre respiration de se représenter qu'elle respire. Nous comprenez-vous ?

La respiration ne peut point se représenter qu'elle respire, elle respire. Vous ne pouvez pas vous représenter votre divinité, vous êtes divinité. La connaissance, la sagesse de le ressentir ou de le considérer et le reconnaître, ne passe point par un champ de visualisation mentale. Nous comprenez-vous ?

Avons-nous répondu à votre question ?

P : En fait, ce que j'ai du mal à me représenter c'est d'émaner ma Lumière dans chaque activité ?

MM : Vous émanez votre lumière dans chaque activité. Ceci n'est point une représentation, ceci est un fait. Ne cherchez point la représentation, rencontrez la considération de ce que vous êtes. Sentez-vous la différence ?

Votre représentation traverse votre structure au travers d'un champ mental, nous vous amenons à une considération au niveau de votre champ d'essence. Nous comprenez-vous ?

P :...

MM : Nous vous remercions.

La perfection est ce qui est

P : - Quand je pense divin, je pense perfection. Du coup, j'ai vraiment du mal à rentrer dans cette manifestation du divin que je suis, j'ai du mal à faire le parallèle entre les 2 ou à le voir.

MM : - Quelle est votre représentation, cher être, de la perfection ?

P : - La perception du divin

MM : - La perfection

P : - Ah la perfection ! C'est la perfection. C'est la lumière absolue, c'est la lumière sans ombre.

MM : - Dirions-nous, de votre personnalité égotique.

P : - Par rapport à ma personnalité ?

MM : - La définition que vous pouvez nous offrir, nous rajoutons la fin de la définition.

Ce que vous nommez « perfection » est une lumière absolue d'un champ illusoire de votre personnalité dans l'ego que vous êtes.

Ainsi, cette perfection absolue n'est qu'une caisse de l'entièreté de la divinité. Vous chercheriez la lumière absolue, dirions-nous dans un espace fort réduit dans lequel la divinité a des kilomètres et des milliards de kilomètres d'espace. Nous comprenez-vous ?

P : - Hmm...

MM : - **LA PERFECTION EST CE QUI EST. LA PERFECTION EST CE QUI EST.**

Lorsque vous cherchez à changer ce qui est pour que ceci soit « plus parfait », vous vous éloignez de ce qui est et CE

QUI EST, EST DIVIN. VOUS RENTREZ DANS L'INACCEPTATION DE CE QUI EST, CHERCHANT ALORS AUTRE CHOSE QUE CE QUI EST, NE POUVANT ALORS CHANGER CE QUI EST, CAR VOUS VOUS COUPEZ DE CE QUI EST.

La perfection est ce qui est. **Rien n'est plus parfait que ce qui est actuellement.**

En acceptant ce qui est, vous pourrez modifier ce qui est. En n'acceptant ce qui est, vous vous coupez de ce qui est, vous séparant alors de ce qui est, vous séparant alors de la divinité, créant alors une autre unité divine, mais non unie à la divinité.

Dans cette bulle, coupée de la divinité vous y cherchez la perfection qu'à nouveau recréer la lumière. Cependant, si vous recréez la lumière, vous recréez ce pour quoi vous vous êtes coupé de la lumière. Ainsi, comme vous vous êtes coupé de la lumière, car ceci était inacceptable, si vous recherchez la perfection, vous allez recréer l'inacceptable du pourquoi vous vous êtes coupé de la lumière. Nous comprenez-vous ?

Vous ne pourrez alors jamais retrouver la perfection. Et vous tournez en rond. Nous comprenez-vous ?

P : - Oui.

MM : - Avons-nous répondu à votre question ?

P : - Oui, merci.

MM : - Nous vous remercions. »

Nous sommes fort heureux de nous être manifestés en cette soirée.

Nous vous invitons à venir réécouter et digérer ce qui a été proposé.

Nous vous invitons à observer combien dans les premiers enseignements sur l'enracinement, vous étiez par moment perdus. Et combien, vous pouvez vous sentir dans l'évolution de ce qui a été. Nous vous invitons à entendre que vous êtes dans la base et que ceci va poursuivre son mûrissement dans vos structures. Et nous vous remercions.

Channeling via la Vibration de Marie-Madeleine.
Mai 2016, Solèna.

L'enseignement d'Emma

Ces écrits sont petits, mais précieux. Ils ne sont qu'un début d'une immense vastitude et « vérité » universelle.

Ils sont réduits à être mis dans un contexte, dans un langage et dans une forme qui demeurent compréhensibles par le champ mental, sans toutefois être identifiés au mental, mais à être reçus dans des aspects plus éveillés, plus multidimensionnels de nous-mêmes.

Il peut être frustrant de ne pas tout comprendre, venant alors activer nos corps terrestres dans leur croyance de toute puissance.

Et si cela venait alors toucher l'illusion que ces textes proposent ; non l'illusion de ce qui est écrit, mais l'illusion de ce que vous croyez être ?

Fusions, attachement et défusion

Nous sommes heureux de nous remanifester en cette journée en cet instant auprès de vous.

La Sainteté du bassin (bas-saint/bas-sein)

Nous sommes fort heureux, afin que vous puissiez venir sentir vos propres énergies d'amour, de lumière et de paix dans l'entièreté de vos corps.

Tournez votre conscience à l'intérieur de vous, parmi nous, parmi vous. Nous vous invitons à rentrer dans votre bassin (ce bas-sein, ce bas-saint). Nous vous invitons, à venir poser une main sur votre bassin, et de pouvoir, tel l'amant en vous, vous bercer, vous reposer, vous déposer dans ce berceau d'amour et de lumière.

Observez que ce bassin (ce bas- sein, ce bas- saint) est tel un arc, un berceau, auquel le poids de votre corps physique est majoritairement posé sur ce bercement : le bassin (le bas -sein, le bas- saint). Nous tenons fortement à ce thème du bassin (du bas-sein, du bas -saint), afin de pouvoir réaligner et réajuster la sainteté dans votre structure, de votre premier chakra, mais également, auprès de vos autres corps subtils en énergie et en reliance avec les rayons universels de votre Logos.

Nous vous invitons à vous déposer et à vous reposer dans cet ancrage et dans cet enracinement auprès de votre base.

Habitez votre base. Célébrez votre base afin de vous rééquilibrer dans vos structures et dans vos actions de ce plan terrestre et de votre incarnation terrestre. Assainissez cette base. Venez réhonorer cet espace en vous, tel un autre espace de votre corps.

Tout espace de votre corps physique, tout espace de votre corps émotionnel, tout espace de votre corps mental, formant votre personnalité est divin.

Nul espace n'est à assombrir, nul espace est à « décautionner ».

Nous invoquons que vos énergies se rééquilibrent, se réajustent et se réalignent à l'intérieur de vous, dans l'entièreté de vos champs terrestres, de vos champs énergétiques.

Lorsque vous sollicitez davantage un organe de vie, il y a influence sur les autres organes, venant par moment déséquilibrer l'entièreté de votre corps. Lorsque vous portez davantage d'influence sur un corps, il y a déséquilibre sur les autres corps, venant ainsi, amener les autres corps à être sollicités ou à être contraints par un corps. Ainsi, votre propre équilibre demande, l'harmonie, dans l'entièreté de vos structures.

Honorez votre corps physique, autant, que les autres corps subtils.

Ce corps est votre véhicule d'incarnation, votre véhicule de matière. Prenez-en soin sans vous y identifier.

La désidentification et la considération de notre identité divine

Il y aurait tendance à vous identifier à une structure de votre corps. Nous pouvons prendre divers exemples, certains êtres peuvent s'identifier, à leur tête, d'autres êtres peuvent s'identifier à leurs corps, à leur cœur, etc. Or l'entièreté de votre corps physique est salutaire.

D'autres êtres vont se fixer dans leur corps émotionnel, sur telles émotions refoulées. Il y a hypertrophie d'un organe émotionnel et hypotrophie d'un autre corps émotionnel, venant totalement déséquilibrer votre corps émotionnel.

Nous pourrions, éventuellement, vous parler de la même façon au niveau de votre corps cérébral, mental, où certains êtres sollicitent leur espace mental dans certaines formes de connaissances et cessent de développer les autres parties et les autres hémisphères de leur champ cérébral, mais également, des plans supérieurs et inférieurs du corps mental.

Ainsi, observez et rencontrez la vastitude de qui vous êtes et honorez l'étincelle divine que vous êtes sur cette planète.

Vous êtes infiniment et des milliards fois, plus vaste que ce que vous pensez être.

Lorsque vous cessez de vous identifier à une partie de vous, vous vous ouvrez à l'abandon, à ce que la vie peut traverser à l'intérieur de vous et à l'expérience de la vie.

Vous vous ouvrez à un espace plus vaste et nous emploierions le mot moins duel de ce que vous êtes.

Ainsi, vivez ce que vous êtes, ne soyez point restreint à vouloir être gentil, à vouloir être bon, à vouloir être sympathique, à vouloir être beau, à vouloir être jeune, etc. Vous limitez, vous limitez, vous limitez, vous limitez, vous limitez l'expérience magnifique de ce que vous êtes à l'intérieur de vous.

Nous vous invitons à vous ouvrir à l'étincelle de lumière en vous et à venir rencontrer cette étincelle de lumière, dans la présence même du « Je Suis » à l'intérieur de vous. Auquel ce « Je suis » vient vous habiter, vient vous permettre de vous ouvrir à un axe, à votre reliance et à votre reconnexion dans la verticalité de votre être, permettant alors que vos relations ne soient plus des relations de dépendance, mais dans la gratuité, dans le don de ce que vous êtes.

La défusion et la maturité des âmes

Lorsque vous agissez pour avoir un retour, vous demeurez dans l'amour de l'attachement. Vous demeurez dans la dépendance, non point à votre propre lumière, mais à une énergie créée à l'extérieur de vous, aussi mortelle que votre personnalité actuelle.

Lorsque vous êtes attaché à une autre âme, certes cette âme demeurera dans une forme d'immortalité. Cependant, cette fusion des âmes est amenée à venir se consolider et se reconsidérer dans un amour plus salutaire. Non point que la fusion des âmes ne soit point salutaire, mais la fusion des âmes demande une évolution et demande une maturité des âmes.

Lorsque la maturité des âmes aboutit à son heure, il y a naturellement une séparation des âmes, non point du lien d'amour vous unissant, mais de la fusion, confusion et défusion de ce que deux êtres peuvent vivre.

Comprenez-vous ce que nous venons de vous partager ?

P : - Il faut qu'il y ait une défusion des âmes ?

MM : – Non point qu'il faille la défusion des âmes, la maturité de l'âme évoluera naturellement vers une défusion des âmes. Cette même maturité que vous pouvez vivre, lorsque la mère enfante. Naturellement, mère et enfant fusionnent et lorsqu'il y a maturité de l'enfant, il y a défusion auprès de la mère, n'est ce point ?

P : - Oui.

MM : - Ainsi l'évolution de deux âmes est certes identique.

Il y a défusion lorsque les âmes arrivent à maturité, mais le lien d'amour unissant ces âmes n'en demeure point entaché.

Vous pouvez reprendre cet exemple que vous vivez, sur ce plan terrestre, de la mère et de l'enfant : l'enfant quittant la matrice de la mère ne quitte point l'amour éternel unissant ces deux êtres. Il en est de même dans l'évolution de la maturité des êtres et des âmes pouvant toucher l'amour : d'âme à âme, de karma à karma, l'amour unissant deux êtres.

Cet amour dans l'union des deux êtres amène l'individualité de chaque être, tout en pouvant conserver l'amour unissant ces êtres, de cœur à cœur, amenant ces êtres à pouvoir déployer le potentiel de ce qu'ils sont, dans l'évolution de ce qu'ils sont, tout en pouvant toucher cette liberté d'amour inconditionnel, de droit d'individualité et de liberté d'être de l'autre. Nous comprenez-vous ?

P : - Oui.

MM : – Nous vous remercions. Y a-t-il questions ?

L'attachement

P : - Cela fait trois fois que l'on me dit que je dois défusionner, je ne vois pas.

MM : – Et ne voyez-vous point cher être ?

P : - On m'a dit que j'étais dans la fusion, et dans la confusion… et je ne vois pas justement cette confusion. Il y a confusion et je ne vois pas ce que je dois faire, je ne vois pas, ce n'est pas clair pour moi, là on me reparle de confusion et de fusion.

MM : – Pouvez-vous nous parler de vos attaches ?

P : - Oui, j'ai des attaches avec mes enfants et j'ai des attaches avec ma sœur.

MM : – Parlez-nous de vos attaches. Comment vivez-vous l'attachement ? Quel pouvoir l'autre être peut acquérir sur vous par l'attachement ? Demeurez-vous libre dans l'attachement ? Êtes-vous auprès du regard de l'autre dans l'attachement ?

Considérez-vous que l'autre a une importance, de son regard, de sa forme pensée, de son comportement, en fonction de ce que vous pourriez faire ou être dans cette vie ? Considériez-vous que ce que vous pouviez faire idéalement, ce que vous aimeriez faire, ceci rendrait les autres heureux ou ceci serait impossible, car il y a attachement auprès de ces êtres ?

Comment accueillez-vous la séparation ? Comment vivez-vous la séparation ? Est-ce que la séparation est telle une joie et une acceptation de ce qui est ou une rancœur, une frustration, une douleur, et une souffrance ?

Posez-vous toutes ces questions afin d'observer, si la loi d'individualisation qui devrait vous habiter et la loi d'amour sont à l'intérieur de vous ?

Que ressentez-vous ?

P : - Je touche que la séparation est tristesse pour moi.

MM : – Pour toutes et tous ici présents, il y a telle une forme de naturel que lorsqu'il y a séparation, il doit y avoir tristesse, il doit y avoir colère, il doit y avoir par moment rancœur, il doit par moment y avoir vengeance, il doit par moment y avoir non acceptation, etc. Certes, il y a un processus dans votre corps émotionnel fort important, à venir rencontrer et à venir diffuser, émaner, exprimer, pour permettre le passage de la séparation de deux êtres.

Cependant, il y a une structure en vous, où il est devenu normal de ne point accepter une séparation, où il est devenu normal de ne point accepter la différence, l'autre tel qu'il est.

Vous émanez des formes de jugements, de contestations, de rancœurs, de vengeance, etc. Vous touchez la fusion et la confusion. Vous vous identifiez à cet amour attachement, et vous en perdez la sainteté de la vastitude, car l'amour est beaucoup plus vaste que ces formes d'attachement et du refus de la séparation.

Observez combien dans les structures mentales, il y a une normalité de ne point accepter la séparation, qu'il est fort normal que la séparation soit douloureuse. Observez que ce carcan et ces croyances sont venus assombrir l'amour dont vous êtes porteur, auquel l'amour divin en vous, ne vit point aucunement la séparation dans la douleur.

Lorsque vous demeurez identifié à l'attachement, toute forme de séparation est une normalité de la souffrance. Or, lorsqu'il y a normalité de la souffrance, il y a confusion et perte, dans les petitesses de ce que vous pouvez émaner de l'amour.

La souffrance

Il n'y a aucune normalité dans la souffrance.
Ce que vous pouvez nommer souffrance est la non-acceptation de la vie, de la divinité et de ce que la vie et la divinité diffusent en vous, se propagent en vous et vous proposent comme expérience à vivre.

La souffrance naît de votre propre dualité et de votre propre séparation auprès de vous-même, de la source, dans l'illusion que vous êtes séparés de cette source et, dans l'illusion que la vie ne se déroule point, comme vous aimeriez qu'elle se déroule, créant frustration, blocage, venant vous-même vous mettre dans un espace de souffrance.

> *La souffrance est humaine. Lorsque vous demeurez dans la connexion à votre divinité, la souffrance n'est plus, car la souffrance est de structure humaine.*

Lorsque vous pourrez sortir du champ de croyance qu'il est normal de souffrir, vous pourrez vous éveiller à une autre dimension de vous-même et rentrer dans la quête à l'intérieur de vous, d'une dimension plus mature de votre essence.

Dans cette dimension, vous pouvez toucher l'alignement et la fusion auprès de la lumière, afin que les évènements vous arrivant dans votre vie puissent être accueillis dans l'amour, la beauté et la gloire de la bienveillance, de la lumière auprès de vous.

La séparation est simplement une il-lu-sion.

Nulle souffrance, aucune séparation

Lorsque nous vous partageons la fusion, la confusion et la défusion, nous parlons de ceci au niveau de vos structures, de votre magma, de votre personnalité et de votre champ magnétique, car dans les structures de vos essences divines, il y a fusion, il y a une même source divine nous habitant et vous habitant, auquel vous êtes une manifestation fort individualisée et fort unique de cette manifestation divine, nous habitant et vous habitant.

> *La séparation est un mirage de votre propre champ de conscience.*
>
> *Ce mirage a été créé pour vous permettre de rentrer dans*

l'individualité et dans l'unicité de qui vous êtes.

Lorsque vous rencontrez la séparation et que vous demeurez dans la souffrance de la séparation, vous n'accueillez plus le potentiel énergétique que vous portez à l'être unique et individuel que vous êtes dans cette incarnation.

Cette incarnation est une conséquence d'autres incarnations que vous avez vécu, toujours dans une unicité et une individualité, de ce que vous avez été.

Vous touchez la grandeur de la divinité en vous par votre unicité.

Certains êtres ne viennent point reconnaître la gloire de cette unicité, mais demeurent dans l'ombre de la séparation et de la souffrance.

Observez les difficultés que vous pouvez toucher dans cette incarnation, auprès de la séparation, et observez combien la séparation a besoin d'être vécue et diffusée, non point pour la souffrance, mais pour vous révéler à vous- même et pour l'existence auprès de vous-même.

S'il n'y a point de séparation, il n'y a point de défusion et vous ne pourriez point exister. Cette séparation permet l'existence de l'unicité et de l'individualité de chaque être. Il est fort important de pouvoir honorer et célébrer cette séparation et cette défusion, car ceci est la vie.

Dans votre monde minéral, dans votre monde végétal, il en est de même : vous plantez une mère souche, et cette mère souche diffuse d'autres plants. Ces autres plants vont vivre par eux-mêmes et créer la vie en eux, etc.

Il en est de même pour vous. Le salutaire de la séparation vous permettant de devenir l'être unique que vous êtes et d'animer la vie, avec ce grand V, du Vivant Divin, à l'intérieur de vous, à travers vous et par le fait même que vous pouvez toucher votre individualité. Vous pouvez alors vous-même redonner et recréer la vie par votre propre individualité. Vous êtes amené à laisser vivre également le processus d'individualité auprès des autres.

Il y a à laisser libre l'autre, vivre dans sa propre expérience, dans sa propre unicité, et considérer que l'autre n'est point un clone de vous-même, que l'autre n'a point le même vécu identitaire que vous, que l'autre n'a certes point la même incarnation que vous, et n'a point également les mêmes autres incarnations que vous.

Il y a souvent dans votre identité mentale et auprès de votre champ émotionnel, projections et demandes inconscientes ou conscientes que l'autre redevienne, tel un même, que vous. Or, lorsque vous faites ceci, vous en oubliez que cet être, dans le divin qu'il est, est dans votre niveau vibratoire de lumière et que vos flammes d'âmes ne sont qu'une dans l'unicité de ce qu'ils sont.

Constatez que même si un autre être était comme vous, observez le non-amour que vous vous portez. Ainsi vous seriez à nouveau en train de reprocher à l'autre, le non-amour que vous-même, vous vous portez, n'est ce point.

Observez la dualité et les incohérences dans votre champ mental, lorsque vous cessez de vous identifier à votre source lumière, mais que vous réduisez à la personnalité que vous êtes dans cette incarnation en vous séparant des champs énergétiques de lumière vous habitant, des champs magnétiques de lumière vous habitant, et de l'énergie de vie vous habitant, car il y a particulièrement oubli de la vie à l'intérieur de vous.

Revenez au souffle divin en vous, quels que soit les champs de conscience dans lequel vous êtes, quelles que soient les formes pensées que vous avez actuellement, quelles que soient les émotions que vous portez, quel que soit le corps physique que vous portez actuellement, tout ceci, cher être, est porté par la vie à l'intérieur de vous.

Si la vie de votre divinité s'arrêtait, votre champ de pensée s'arrêterait, votre émotion s'arrêterait, votre corps physique s'arrêterait. Ainsi, sortez de l'illusion que vous êtes simplement ce champ de cette personnalité, dans cette incarnation, et que vous êtes à subir, à subir, à subir.

Vous êtes créateur de ce qui peut être

Lorsque nous vous parlons de la création, nous venons expliquer davantage ce terme auquel il peut y avoir également confusion, que tout évènement vous arrivant, étant créateur de votre vie, vous êtes le seul responsable de ce qui peut vous arriver.

Changez cette croyance et cette illusion pour lesquelles il y a confusion : vous prenez au niveau de votre champ de votre personnalité, une loi de votre lumière.

Ainsi, au sein de votre lumière, vous demeurez dans un potentiel d'amour et de lumière et dans un potentiel créateur de la réalisation de ce qui peut être.

Cependant au sein de votre champ de votre personnalité, votre pouvoir créateur est certes limité. Sortez de cette croyance que vous êtes seule responsable de ce qui peut se passer dans votre vie, cette croyance est fort déstructurée et fort erronée.

Il se passe actuellement, de maints évènements dans votre incarnation et dans ce monde vibratoire dans lequel vous vivez. Vous n'êtes point responsable des guerres et des conflits pouvant se passer à l'autre bout de votre pays. Or, vous êtes au courant de ces guerres et de ces conflits. Il y a de multiples phénomènes en action et en conscience venant créer ces conflits, dans lesquels vous êtes, certes, une particule, parmi d'autres milliards de particules à participer à ce champ évolutif de la vie, mais vous n'êtes point seul responsable de ceci.

Ainsi, l'identification que vous pouvez avoir auprès de votre personnalité amène par moment, des atrophies, des œdèmes de certaines croyances et de certaines structures à l'intérieur de vous. Nous pourrions dire par moment, un œdème de votre ego.

Ramenez ceci dans ce plan de lumière dans lequel votre source sacrée de lumière, de paix, d'amour, demeure dans une simplicité et dans une tranquillité, et dans une certitude et une sécurité, dans une foi de la bienveillance de l'évolution de cette planète, de l'évolution de qui vous êtes. Votre évolution est tournée auprès de votre source mère, de votre unité et de votre union.

Ainsi, il peut avoir évolution, une harmonisation à travers des conflits, il peut avoir évolution d'une unité auprès de la connaissance, il peut avoir unité auprès de la grandeur du pouvoir, etc.

Il y a ce que vous pouvez voir en apparence et ce que les plans de lumière font évoluer dans les champs énergétiques, de la divinité vous habitant et habitant cette planète.

Remerciements de la Vibration

Nous vous remercions de votre écoute, de votre bienveillance et nous vous invitons toutes et tous à rester dans la conscience de la vastitude de ce que vous êtes, bien au-delà de ce que, vous pouvez vivre, dans votre vie quotidienne.

Désidentifiez-vous à votre vie quotidienne. Vous êtes davantage au-delà de ce corps, au-delà de ces pensées, au-delà de ces actions, au-delà du prénom qui vous a été donné, au-delà de la fille de…, du fils de…, du père de…, du frère de…, de l'ami de…, du compagnon de….

Vous êtes davantage source d'évolution, source de lumière sur ce chemin de réconciliation auprès de vous.

Ceci est votre mission d'incarnation, chacun selon ces propres concepts, selon ces propres croyances, selon ces propres moyens.

Il n'y a point, une voie d'évolution, il y a des milliards et des milliards de possible d'évolution, il n'y a point une vérité, il y a votre vérité, dans l'instant même de qui vous êtes, dans le respect et l'honnêteté de qui vous êtes, et dans la sincérité auprès de vous-même.

Cette évolution changera dans la seconde suivante, dans la minute suivante.

Touchez l'intemporel à ne point vivre la vie, telle une certitude d'une vérité mentale.

Demeurez dans le mystère, dans l'abandon de ce mystère, dans la foi totale et la confiance totale à l'émerveillement de ce que la vie peut vous proposer, par la bienveillance et les protections qui sont infimes auprès de vous.

Nous vous remercions.

Channeling via la Vibration de Marie-Madeleine.
Le 21 juin 2015

L'enseignement d'Emma

Ces enseignements nous permettent de nous ouvrir à d'autres plans vibratoires tout aussi réels ou tout aussi illusoires que celui dans lequel notre champ de conscience peut baigner actuellement pour la majorité des êtres humains.

Cette ouverture a un élargissement de conscience offre une opportunité de guérison incroyable.

Nous n'attendons pas qu'une autre personne nous guérisse, mais nous nous responsabilisons.

Une autre réalité se découvre permettant de rentrer dans une voie spirituelle où :
- Les branches du détachement se font connaître.
- L'amour inconditionnel se fait sentir.
- Une paix intérieure émane d'une acceptation de vivre dans nos rêves, en assumant ce rêve sans s'identifier à lui.
- Une tolérance et un recul sur les évènements qui soi-disant se passent se vivent.

Le vide salutaire

Nous sommes fort heureux de nous présenter devant vous et d'être autour de vous, en vous et parmi vous.

Nous sommes fort heureux de l'amour et de la grâce que vous pouvez nous accorder et nous renouvelons notre puissante reconnaissance auprès de vos aptitudes à venir honorer la lumière que vous êtes, à venir honorer la lumière que nous sommes en vous, à venir honorer la Lumière, telle que la Lumière Soit et telle que la Vie Est, car la Vie est Lumière. Nous vous remercions.

Nous poursuivons auprès de vos structures, l'initiation afin que la Source de Lumière puisse se fluidifier en vous tous, afin que vous puissiez ressentir le flux énergétique vibratoire, la Source Divine dans vos structures, et particulièrement dans vos structures physiques, dans vos structures de votre matière terrestre.

Car nous lisons qu'il peut y avoir encore quelques miasmes, quelques difficultés dans la création et l'enracinement de votre lumière dans l'incarnation que vous présentez, dans l'incarnation auprès de votre matière.

Nous lisons qu'il peut y avoir telles des frustrations de la limitation de votre matière et qu'il peut y avoir des frustrations, des conditionnements et des limites de ce que vous pouvez vivre dans cette incarnation.

Ce que vous vivez, nous le vivons, et ce que vous vivez nous permet la création et l'expérimentation.

Vous êtes, chers êtres, un prolongement de nous-mêmes.

Lorsque vous vivez l'expérience de telle ou telle pensée, de telles expériences, nous faisons l'expérience à travers vous et nous vous remercions, car nous sommes en joie de pouvoir vivre, et vivre, et vivre, et vivre, et vivre, et vivre, encore et encore de multiples expériences, de multiples rayonnements.

Lorsque vous pourrez vous sentir dans cette reliance auprès de nous-mêmes, vous pourrez sentir alors que l'expérience de votre voisin est votre expérience, que l'expérience de l'être, à l'autre bout de votre terre, est votre expérience.

La sensation de frustration de vos limitations pourra se dissoudre, car vous toucherez dans votre cœur, la fraternité vous habitant.

Ce que l'un fait, c'est à vous tous que vous le faites. Lorsque vous faites une action, vous le faites pour tous les êtres et les multiples formes de vie existant dans votre cosmos.

MM : - Nous comprenez-vous ?
Tous : - Oui !

MM : - **Soyez béni de ce que vous êtes, car ce que vous êtes a grandement un intérêt et une justesse divine.**

P : - Comment peut-on aider la Lumière ?

MM : - **Votre présence, votre conscience, votre reliance, et votre dévotion auprès de nous-mêmes sont une aide, car vous devenez vous-mêmes canal de la Lumière.**

Avez- vous une autre question ?
P : - Ma fille est morte. Elle est passée de l'autre côté du voile. À présent, je trouve stérile de vivre comme je vivais avant, je souhaiterais savoir vers où guider mes pas, pour que ma vie ait un sens et qu'elle soit en harmonie avec qui je suis.
MM : - Nous vous invitons, chère être, à d'abord prendre davantage de temps pour dissoudre les poids cristallisés au sein de votre structure, hara plexus. Prenez plusieurs temps, chère être, pour prendre soin de vous, avant de vous orienter dans telle et telle direction.

Le fait même que vous pourrez venir dissoudre, et dissoudre, et dissoudre, et retrouver une harmonie et une paix dans ces chakras, vous permettra instantanément d'avoir la réponse dans la direction que vous allez vous initier à prendre. Nous comprenez-vous ?

P : - Oui.

MM : - Vous êtes dans un premier temps, chère être, invitée à cette réparation auprès de vous-même, et non point de vous diriger ailleurs que là où vous êtes, car ceci serait une fuite. Vous marcheriez et vous iriez dans cette direction, chère être, avec ce poids que vous portez. Nous comprenez-vous ? Demeurez dans ce poids et demeurez à vous libérer de ces miasmes émotionnels. Nettoyez, libérez.

Prenez ce temps de la libération. Prenez ce temps d'intégration. Prenez ce temps de rentrer par cette expérience de vie, dans davantage de profondeur de ce que vous pourriez vivre afin de laisser éclore votre féminin.

Vous êtes amenée à rouvrir votre boite de douceur. Or, cet espace fort sacré de la douceur qui vous anime, de la douceur émanant de votre structure féminine est ensevelie dans un coffre.

Vous êtes amenée, chère être, à pouvoir libérer, libérer, libérer, libérer, les multiples structures de ce coffre d'amour douceur. Vous êtes amenée dans cette expérience qui vous est proposée à retourner à la quête de ce féminin doux et gracieux. Nous comprenez-vous ? Douceur et grâce. Que ressentez-vous ?

Le vide divin

P : - C'est comme s'il y avait le vide en moi.

MM : Vous êtes invitée à rester dans ce vide, à sentir nos énergies d'amour lumière dans ce vide. Vous êtes invitée à dissoudre certaines croyances au niveau de votre 3ième œil, chakra frontal, toute la structure ostéopathique de votre structure cérébrale, à rouvrir votre médiumnité, à voir l'amour dans ce vide, à accueillir l'amour dans ce vide et à observer la présence de cet être qui vous était dans ce vide, vous accompagnant auprès d'autres êtres de lumières dans votre guidance intérieure. Nous comprenez-vous ?

P : - Oui

MM : **Ce vide est un vide d'amour.**

Ce vide est certes déstabilisant dans certaines structures, car ce vide est une perte de repère, une perte de conditionnement, une perte d'habitude, une perte de coutumes.

Mais ce vide est salutaire. Il est telle une transition, tel un voyage auprès d'une nouvelle incarnation. Ce vide est en toute sécurité. Ce vide est béni. Entendez ceci, dans ce vide, vous êtes et vous demeurez auprès de la présence divine, pouvant se manifester d'une autre sensation, dans une autre tonalité, dans une autre musique, dans une autre couleur, mais demeurant néanmoins la divinité.

L'alliance à l'amour vous permet d'être dans une transition, un passage, afin d'avoir la possibilité d'éclore à une nouvelle manière de vivre, de relationner, de vous épanouir. Nous comprenez-vous ?
P : - Oui.

Le féminin unit et est non fusionnel.

MM : - Nous vous remercions. Vous pouvez faire l'expérience chère être, d'être une nouvelle femme. Que ressentez-vous ?
P : - Je me sens entourée, très entourée.
MM : - Sentez le féminin vous habitant, chère être, sentez notre présence vous habitant. Sentez l'énergie du féminin vous enveloppant, vous accueillant, telles la Mère divine, la terre du féminin, toute énergie féminine. Nous vous invitons à vous en nourrir, car vous êtes ceci, vous êtes le féminin. Cependant, ne venez pas rentrer dans la confusion ou dans la fusion auprès d'autres femmes, nous comprenez-vous ?

L'énergie féminine vous enveloppant, vous habitant, n'est pas à fusionner auprès d'autres femmes.

Sentez-vous la différence de la proposition ? Vous demeurez vous-même, femme telle que vous êtes, recevant les énergies du féminin.

> *Vous pouvez côtoyer Homme et demeurer Femme, vous pouvez côtoyer Femme et demeurer dans l'énergie du féminin.*

Ceci est telle une robe que nous vous offrons et cette robe vient créer un sas de lumière tout autour de vous, vous permettant de rayonner, de tournoyer, de demeurer dans votre verticalité en reliance auprès de la Terre, des cieux, et auprès de vous-même, ouvrant à **cette féminité de grâce**.

Cette féminité vous amène à vous rouvrir à la confiance au masculin, à l'abandon au masculin, à l'abandon au pouvoir.

Nous vous guidons, nous vous dirigeons et vous avez simplement à vous laisser accompagner là où nous vous emmenons, sans chercher à contrôler. Ainsi, vous toucherez le féminin s'abandonnant au masculin et non plus la structure désirant sans cesse contrôler, et contrôler, et contrôler, et contrôler, et contrôler ce qui pourrait arriver.

Vous êtes protégée. Ne doutez pas que ce que vous traversez est à la hauteur de vos énergies, nul doute de ceci. Le choc a permis de briser certaines structures. Remerciez l'âme de cet être pour ceci, ayant permis de grandes guérisons dans vos structures. L'alliance qui vous unit à cette autre âme demeure. Nous vous remercions. Avez-vous d'autres questions ?

(Silence)

Nous vous remercions et nous vous invitons à recevoir cet amour lumière, auprès de vous et à prendre cet instant d'amour lumière à travers vous pour sentir votre potentiel vibratoire, auprès de vous tous ici présents, pour vous et pour de multiples êtres dans cette humanité, car vous êtes, chers êtres, tous et toutes réunis pour le meilleur dans cette humanité.

Recevez l'amour et la lumière sur vous tous. Recevez notre présence là où ceci peut être douloureux de venir faire l'expérience. Sentez notre présence vous accompagnant dans ces moments douloureux, nous sommes avec vous. Nous vous guidons. Nous vous portons. Nous demeurons auprès de vous. Nous sommes fort présents. Dans ces moments douloureux, demandez notre aide.

Sollicitez notre aide. Entendez, ressentez notre présence. Nous sommes avec vous. Nous sommes avec vous. Nul doute de ceci. Nous sommes avec vous.

Repartez dans la confiance et l'apaisement que nous avons entendu votre souffrance et que nous œuvrons avec vous dans les jours qui suivent à la dissolution et à la résolution de vos demandes. Touchez cette certitude. Nous vous remercions de vous être confiés et de nous avoir sollicités. Nous vous aimons. Nous vous remercions. Nous demeurons.

Vous êtes Amour

Lorsque vous venez vous reconnaître que vous êtes amour, de multiples structures viennent s'apaiser vous permettant dans la certitude que vous êtes amour de pouvoir être dans un ajustement de vos réactions face à certaines attitudes extérieures.

Vous êtes amour. Ne doutez point que vous êtes amour.

Vous êtes dans toute l'entièreté de vos structures cette union intérieure, que vous pouvez nommer verticalité-horizontalité, que vous pouvez nommer Yin-Yang, que vous pouvez nommer Féminin-Masculin, haut et bas, droite-gauche, lunaire-solaire, peu importe les termes que de multiples êtres sur cette terre utilisent.

Vous êtes la complétude, vous êtes le tout et le rien, vous êtes l'abondance et le peu. Vous êtes l'ombre et la lumière. Vous êtes l'amour et le désamour. Vous êtes Tout. Vous êtes le grand. Vous êtes le petit.

Ne cherchez point à demeurer dans une polarité. Venez vous abandonner à vivre ce qui est.

Lorsque vous résistez à être uniquement dans une polarité, vous ne laissez plus l'énergie de lumière circuler en vous. Vous touchez une forme de jugement et de conditionnements venant limiter l'expérience divine à travers vous.

Toutes ces comparaisons ne sont que dans votre réalité mentale et cérébrale. Dans votre réalité de votre champ vibratoire divin, ceci n'existe point. Nous vous remercions.

Soyez ce que vous êtes. Vivez ce que vous êtes. Nous vous habitons. Nous vous aimons. Nous demeurons.

**Channeling via la Vibration de Marie-Madeleine
Le 1ER MAI 2015**

L'enseignement d'Emma

La spiritualité peut se vivre à travers le chaneling, comme à travers une religion, une voie tantrique, une voie taoïste, une voie d'éveil auprès d'un maître…

Elle peut se vivre à travers un karma de dévotion, un karma d'initiation…

Elle peut se vivre dans la conscience et dans l'inconscience.

Elle est…

Nous sommes des êtres spirituels dans un corps de chair.
Tout est Divin même le Vide.

Ces enseignements nous rappellent profondément que nous sommes spirituels, que nous sommes Dieu, que nous sommes libres, créateurs de nos vies.

Ils n'amènent à aucune dépendance, à aucune idéologie.
Ils unissent dans leur différence, ne rejettent personne.
Ils proposent un éveil de conscience, un savoir-être, un savoir-faire.
Ils n'obligent à rien, ne demandent rien, mais proposent.
Ils sont à écouter avec la voix du cœur, de l'âme. Ils ne comportent aucune vérité.
Ils comportent ce qui est.

Tous les enseignements sont à restituer dans leur contexte et chaque réponse donnée correspond à une question posée, mise en correspondance avec l'énergie de la personne qui a posé cette question.

Si vous aviez posé vous-même la question à la Vibration, vous auriez pu avoir une autre réponse que celle donnée. Cependant, les réponses peuvent parler à chacun les lisant. Peut-être, car rien n'est lu, vu ou entendu au hasard…

Dieu nous parle…
Entendons-le…
Il est partout, en tout, pour tous…

La source de qui nous sommes…

Table des matières

En préambule 9

Qu'est-ce que le channeling ? 13

Vision d'Emma Grillet 13

Aides pour mieux lire ces enseignements 17

Se découvrir : 23

Qui sommes-nous ? 23

Le respect et la considération de soi 33

Prière de la Lumière 45

Rentrer dans sa puissance d'incarnation .. 57

Revenir au Bas – Saint 67

L'origine de vous-mêmes 77

Nous sommes des êtres divins dans un corps 89

Accompagnement à se centrer 101

Notre pouvoir de guérison 113

Le potentiel de l'éveil de conscience.........125

La place Juste 143

Dialoguer et servir son âme...............155

Le miroir.................................173

Les Mirages et le discernement 189

L'illusion................................203

Éveil de conscience au jeu divin 219

Fusions, attachement et défusion 233

Le vide salutaire.........................247

Table des matières........................258

Ce livre a été conçu par La Plume Sauvage Editions

La Plume Sauvage Editions

WWW.LAPLUMESAUVAGE.COM

**Accompagnement des auteurs en autoédition
Particuliers et Professionnels
Révision des textes
Maquette d'intérieur et de couverture
Mise en page et désign
Suivi éditorial**

www.laplumesauvage.com

Crédit : Photographie de couverture : f9photos
Photodune / Envato

www.ingramcontent.com/pod-product-compliance
Lightning Source LLC
Chambersburg PA
CBHW070530090426
42735CB00013B/2930